© 2023 Rai Com S.p.A.
Rai Libri
Via Umberto Novaro, 18 - 00195 Roma

ISBN 9788839718662

Prima edizione: marzo 2023
Prima ristampa: maggio 2023

Grafica e impaginazione
Akhu S.r.l. - Roma

Stampa
Puntoweb S.r.l. - Ariccia (Roma)

MARCO VARVELLO

PASSO FALSO

COME CAMBIA L'INGHILTERRA FUORI DALL'UNIONE EUROPEA

Rai Libri

PASSO
FALSO

"Esperienza è solo il nome che diamo ai nostri errori".

Oscar Wilde

"Gli sciocchi dicono che imparano dall'esperienza. Io preferisco imparare dall'esperienza degli altri".

Otto von Bismarck

Premessa

Facciamo un passo falso quando non guardiamo dove mettiamo i piedi. In senso proprio, ma anche figurato. È esattamente quello che mi sembra sia successo in questi anni in Inghilterra. Scelte cruciali prese senza guardare bene su cosa si fondavano, dove avrebbero portato, quanto sconnesso fosse il terreno. Scelte basate su illusioni ottiche, previsioni sbagliate, parole d'ordine dal suono roboante e seduttivo più del loro reale significato. Fantasie che hanno ammaliato un intero Paese, il Regno Unito, e l'intera popolazione, o almeno la sua maggioranza.

Se non fosse stato troppo irridente, in effetti questo libro si poteva anche intitolare *Fantasylandia*.

L'espressione *Fantasy Brexit* è infatti entrata nell'uso comune non soltanto sui giornali e in tv, ma anche tra la gente. Man mano che passava il tempo, dopo il referendum del 2016, diventava sempre più evidente che per i britannici uscire dall'Unione Europea non sarebbe stato indolore. Una volta fuori, le conseguenze appaiono ora serie. La Brexit promessa, come la biblica Israele "dove scorre latte e miele", era una rappresentazione fantastica. Ma non soltanto quella.

Di *Fantasylandia* si è apertamente parlato anche nel settembre-ottobre 2022, nelle poche settimane di governo di Liz Truss, che passerà alla storia solo per essere stata premier durante le esequie per la regina Elisabetta. Il suo sogno di rilanciare la crescita economica a colpi di tagli delle tasse è stato velocemente bocciato come pura fantasia dai mercati finanziari di tutto il mondo.

Andrebbero messe nelle dovute proporzioni anche la *Cool Britannia* del periodo Blair o la ricorrente retorica militare sul Regno Unito sempre "spalla a spalla" con gli Stati Uniti in tutte le guerre contemporanee, dall'Afghanistan all'Ucraina, passando per l'Iraq. E ancora si dovrebbe ridimensionare il ruolo della monarchia, con le sue cerimonie sfavillanti che per decenni hanno consacrato la regina Elisabetta II come la più longeva, la più amata, una regina delle fiabe.

Una analoga illusione continua a circondare l'immagine di stabilità della politica britannica, all'apparenza ancorata a un saldo sistema elettorale uninominale. Come anche il vanto di un meccanismo produttivo flessibile e tecnologico, che dallo smantellamento dell'industria pesante è riuscito a creare una potenza nella finanza e nei servizi con pochi eguali al mondo.

Fantasie perpetuate dalla retorica dei governanti di cui Brexit è stata la sintesi perfetta. *Global Britain*, un sogno potente, finché la realtà non è tornata man mano a prendere il sopravvento, rivelando inesorabile il clamoroso passo falso.

Sembra incredibile. Solo tre anni fa davanti al Parlamento di Westminster una folla festante celebrava il *Brexit day*. "British Exit": 31 gennaio 2020. La bandiera britannica veniva rimossa dal Parlamento europeo di Strasburgo e dalle altre sedi delle istituzioni comunitarie. Il Regno Unito dopo quasi mezzo secolo di vita comune non faceva più parte dell'Unione. A Londra andavano in scena cori, balli e inni del folk inglese, tutto il repertorio della buona *Old England*. Bombette, bandiere di San Giorgio, Union Jack, bulldog e basettoni.

Solo un mese dopo il Covid avrebbe cambiato il mondo. La sua cappa di clausura ha sospeso il tempo, bloccando ogni attività per due anni. Appena tutti cominciavano a riprendersi è scoppiata l'insana follia della guerra in Ucraina. L'invasione russa ha spazzato via speranze e illusioni. Non eravamo tutti diventati più buoni. Non ci siamo mai liberati del peso del passato.

Solo tre anni. Nel frattempo in Gran Bretagna sono emersi impietosi i tanti nodi delle scelte sbagliate. L'elenco sarebbe lungo e cercherò di raccontarlo nelle prossime pagine. Per ora può bastare una metafora, che non vuole essere beffarda, ma solo evocativa.

La sera del 9 gennaio 2023 migliaia di spettatori erano assiepati all'aeroporto di Newquay, in Cornovaglia.

Imbacuccati per combattere il freddo, armati di occhiali e binocoli, confortati da birra, tramezzini e popcorn, 2.500 fortunati assegnatari dei biglietti gratuiti d'ingresso e altre centinaia di curiosi e appassionati attendevano il primo lancio nella storia di un volo orbitale da una base europea. Un record assoluto, visto che l'unica altra stazione spaziale sul continente è il cosmodromo di Pleseck. Russia Bianca, ma un altro mondo. Clima di festa a Newquay, orgoglio e grande attesa. Colonna sonora *made in England*, con preferenza per i Rolling Stones visto che l'intera operazione, in loro onore, era battezzata *Start Me up*.

Il Boeing 747, modificato come vettore iniziale del viaggio, dominava la scena sullo sfondo della pista. Il lancio sarebbe avvenuto in orizzontale, non in verticale come quelli americani da Cape Canaveral. Per questo bastava l'aeroporto regionale della Cornovaglia, trasformato per l'occasione in un "porto spaziale". Primo test dunque per una corsa allo spazio tutta britannica. L'aereo della società privata Virgin Orbit, di proprietà del magnate inglese Richard Branson, era stato ribattezzato vezzosamente *Cosmic Girl*, "ragazza del cosmo". Missione: mettere in orbita nove satelliti, in larga parte realizzati in Gran Bretagna su commissione di vari Paesi, dagli Stati Uniti alla Polonia, passando per l'Oman. Scopi civili e militari: si trattava di satelliti di telecomunicazione e di sorveglianza, soprattutto sul traffico marittimo, Manica compresa.

Il conto alla rovescia è stato accompagnato dai cori della piccola folla. Decollo perfetto alle 22.02 ora locale. Abbracci e baci tra il pubblico, tensione nella sala controllo. Tutto procedeva come da copione. Circa un'ora dopo, raggiunta la posizione prevista sull'Atlantico, dall'ala sinistra si è staccato il razzo vero e proprio con il suo prezioso carico. Dopo 3 minuti e mezzo ecco il rilascio del primo stadio. Il secondo si è liberato della zavorra e ha preso il volo nell'alto dei cieli. Obiettivo la cosiddetta "LEO", orbita terrestre bassa, la fascia compresa pressappoco tra i 160 e i 2.000 chilometri attorno alla Terra, dove ruotano tutti i satelliti orbitali e le stazioni spaziali con equipaggio umano. Target ideale della missione britannica attorno ai 555 chilometri di altezza.

Ancora cinque minuti di attesa, poi ecco il messaggio via Twitter: "*Launcher One* ha raggiunto l'obiettivo... Congratulazioni alla gente di Gran Bretagna! Questa prima missione orbitale dal suolo britannico è un enorme risultato. Grazie all'Agenzia spaziale e ai suoi partner". Urlo della folla infreddolita nel buio della notte, complimenti reciproci in sala controllo...

Un attimo dopo, la doccia fredda. Missione non compiuta: è avvenuta una "anomalia" nella traiettoria del secondo vettore. "L'orbita non è stata raggiunta, si stanno valutando le cause" ha comunicato Virgin Orbit. Falliva così il lancio casalingo della società spaziale di Branson, mentre gli altri dagli Stati Uniti erano sempre andati a segno. Per fortuna nessuno si è fatto male, tranne i committenti dei satelliti. L'equipaggio di *Cosmic Girl* è rientrato regolarmente, atterrando di nuovo a Newquay. Assieme all'aereo anche il morale era sceso a terra. Mesti abbracci. Dopo una notte probabilmente passata insonne, la reazione piena di orgoglio: "*One team, one dream*", una squadra, un sogno. "Per ardua ad astra, torneremo presto in orbita", è stato il nuovo messaggio Twitter.

Lo spazio è il futuro. Il programma dell'agenzia britannica ha perso una battaglia, ma ha accumulato conoscenza ed esperienza. Hanno collaborato sul campo aziende, infrastrutture e agenzie diverse. Questa è stata davvero una prima volta. Ce ne saranno altre. Il successo non mancherà.

Eppure è stata una scena troppo simbolica: la parabola del razzo lanciato tra mille aspettative e proclami altisonanti. Poi il suo rallentare, scricchiolare, tentennare, fino a cadere malamente. Una storia emblematica di quanto il Paese ha vissuto in questi anni. Quando il primo e il secondo razzo della Brexit avrebbero dovuto finalmente liberare energie e opportunità, compiendo la storica missione, sono venute a galla le "anomalie".

Il Paese si guarda indietro sconsolato. I britannici si riscoprono divisi e frustrati. Pronti però a ricominciare e a prepararsi al prossimo lancio in orbita, possibilmente senza passi falsi.

Capitolo 1

Al centro del mondo

Un premier gladiatore

Il biondo ciuffo, gli occhi azzurri e poi... quelle colonne antiche! Vedendolo, mi sono tornate alla mente le parole della *Canzone del sole* di Lucio Battisti. Ricordo giovanile completamente fuori posto. E del tutto fuori posto era anche lui, Boris Johnson al Colosseo.

L'allora premier britannico fece il suo ingresso trionfale nell'Anfiteatro Flavio, seguito, come si conviene, da un cospicuo stuolo di assistenti, consiglieri e guardie del corpo. Entrò veloce, con lo sguardo rapito di un bambino goloso. Vide noi giornalisti. Stava per avvicinarsi con la mano tesa, poi si ritrasse. Erano ancora tempi di qualche restrizione anti-Covid, soprattutto in Italia. Memore di tante leggerezze passate, evitò di creare ulteriori polemiche per troppa cordialità.

Era una mattina plumbea di fine ottobre. Fredda e uggiosa la pioggia era appena cessata sulla capitale. Appuntamento all'alba, almeno per noi, con telecamere e microfoni. Il chiaroscuro del giorno si faceva strada a fatica tra le nuvole ancora grevi di buio notturno. Giuro che quando la portavoce di Downing Street che si occupa della stampa estera mi aveva confermato il luogo dell'incontro avevo pensato che il Colosseo fosse una delle sedi di conferenza e dibattito del G20 a Roma. Occasione infatti dell'intervista Rai a Johnson era il vertice tra i leader dei venti Paesi più industrializzati al mondo tenutosi nel 2021 appunto a Roma, sotto la presidenza del governo italiano guidato da Mario Draghi. Ingenuamente dunque avevo immaginato che anche il Colosseo, come il palazzo dei Congressi e la Nuvola all'EUR, fosse uno degli spazi utilizzati per gli incontri e per le visite ufficiali.

Invece no. Il Colosseo fu aperto quella mattina perché Johnson le interviste le voleva fare proprio lì. Contavano certamente i suoi anni universitari, dal momento che è laureato in Lettere classiche a Oxford. Ha studiato il latino e il greco antico. Tutte le volte che l'ho incontrato, come sindaco di Londra, poi come promotore della Brexit, quindi come ministro degli Esteri e premier, ha sempre risposto infilando qualche parola in latino o italiano maccheronico. Boris ci ama. Ama l'Italia, la nostra storia e la cultura classica. Viene spesso in vacanza. E così quale migliore occasione di un vertice mondiale a Roma per farsi immortalare con lo sfondo del monumento antico più famoso al mondo? Icona dell'Impero romano e della sua potenza.

Era incuriosito. Faceva domande a tutti. A chi lo accompagnava lungo le scalinate, indicando i tunnel e i corridoi per i gladiatori, ma anche a noi giornalisti. «*How do you say?*», "Come si dice... poll... poll..." mi fece, mimando il gesto del pollice in giù. Lontane reminiscenze di maturità classica mi salvarono. «Pollice verso, *prime minister*» gli risposi orgoglioso. L'intervista che doveva ruotare attorno all'emergenza climatica, al Covid e alla Brexit fu infarcita così di citazioni classiche. Johnson azzardò anche un ardito parallelo con l'antica Roma, perita rapidamente come rischia oggi di perire il mondo intero per l'effetto serra. Ma al di là dei contenuti la scenografia dell'intervista divenne un potentissimo spot per la mania di grandezza del personaggio. "Il mezzo è il messaggio", la grande intuizione di McLuhan. Ebbene, in questo caso il messaggio era lo sfondo imperiale.

Il biondo ciuffo, gli occhi azzurri e poi... il Colosseo, dunque. Credo proprio che sia stata l'intervista di Johnson più memorabile. Non solo per il pubblico italiano. Ammessi nello storico scenario furono ovviamente anche i colleghi inglesi. Ancora oggi qualche spettatore, amico o sconosciuto, mi cita "Boris al Colosseo". Immagine iconica che è tornata molte volte in mente anche a me in questi anni di alti e bassi nella vita britannica. La scelta di farsi mettere a disposizione il simbolo di Roma per una *photo opportunity* non era solo narcisismo individuale. Né serviva solo a soddisfare la curiosità di chi la storia romana l'aveva studiata più a fondo di tanti noi italiani.

In quella immagine c'era tutto l'orgoglio di chi si sente erede di un altro Impero. Molto più recente ma anche più esteso. Di chi come gli antichi romani si è sentito padrone del mondo. Una globalizzazione commerciale, politica e militare, che solo un paio di secoli fa riuniva terre di tutti i continenti sotto la Pax britannica e tuttora lega, anche se blandamente, le ex colonie nel Commonwealth. E soprattutto unisce ancora tutto il mondo con la sua lingua, l'esperanto dei tempi moderni, imposto alla maggior parte dei popoli prima con le conquiste militari, poi con quelle economiche della ex colonia americana e ora con la tecnologia del web.

Insomma, altro che fuori posto: Boris Johnson al Colosseo si sentiva a casa sua.

Tra quelle memorabilia di un passato glorioso vedeva gli albori della Britannia di cui era lui il leader. Come aveva sempre sognato. In quei brevi momenti di fascinazione ammirava incantato i resti della potenza che portò il generale Aulo Plauzio, con le sue quattro legioni e ventimila ausiliari, a passare la Manica e conquistare il sud dell'Inghilterra. Nasceva due millenni fa la Britannia romana, ancora visibile da Londra a Bath, da Chicester al Vallo Adriano con la Scozia. Gli occhi del premier inglese erano pieni di quella grandezza.

In una mattina romana dal clima inglese, con una pioggerella fastidiosa che andava e tornava, tormentando i cavi e le luci delle troupe, Boris Johnson poteva respirare la Storia. Dalla Britannia latina alla Great Britain inglese il passo deve essere breve nella narrazione fantastica di un premier visionario. Pochi mesi prima aveva ricevuto in Cornovaglia i leader dei sette Paesi più industrializzati al mondo, il cosiddetto G7. Biden, Macron, Merkel, Draghi e gli altri erano stati ospiti del lussuoso albergo di Carbis Bay. «Il tratto di costa più simile alla costiera amalfitana che abbiamo in Inghilterra» si era spinto a definirlo Johnson, facendo sorridere Mario Draghi e ridere i campani. Pochi mesi dopo, al termine del G20 a Roma, sempre lui avrebbe accolto in Scozia le delegazioni di tutto il mondo per la Conferenza ONU sul clima, COP26.

In quello scorcio di 2021 il suo Paese gli doveva sembrare *caput mundi*, come una volta lo era stata Roma. Nella uggiosa alba al Colosseo la Città eterna gli si parava davanti agli occhi con l'immagine possente della sua antica forza. Davvero dunque Johnson, nella sua mania di grandezza, si poteva sentire a casa tra quelle pietre secolari. Una illusione ottica non solo personale, ma di tutto un popolo. Nella mia lunga frequentazione con i britannici ho avuto tante volte la sensazione che – inglesi in testa – si sentano ancora al centro del mondo, una grande potenza di riferimento per gli altri, dalla retorica della Brexit alla politica muscolare sull'Ucraina. Dall'orgoglio per la battaglia solitaria contro il Covid alla fedeltà e al rispetto di tradizioni rimaste volutamente immutate nei secoli. Lo spettacolo dei funerali della regina Elisabetta ha dato ancora una volta corpo a questa illusione collettiva.

Uno spettacolo di regina

C'è o non c'è? Si farà vedere al balcone di Buckingham Palace, come il tam tam di palazzo aveva garantito a noi giornalisti? In una gloriosa e splendente giornata di inizio giugno sul Mall, il grande viale che dal limitare di Trafalgar Square conduce al palazzo reale più famoso al mondo, si snodava da ore l'orgoglioso spettacolo di settant'anni di vita britannica. Gli stessi decenni trascorsi da Elisabetta II sul trono d'Inghilterra: dal 1952, premier Winston Churchill, fino al 2022, premier Boris Johnson.

Nessun regnante inglese ha mai raggiunto tale traguardo e nella storia mondiale solo Luigi XIV di Francia, Re Sole, rimase sul trono più a lungo, favorito dall'indubbio vantaggio di essere diventato sovrano a cinque anni.

Elisabetta per la verità i settant'anni di regno li aveva già compiuti a febbraio del 2022, nell'anniversario della morte del padre re Giorgio VI. Il rispetto per la memoria del genitore e la tradizione che vuole i grandi festeggiamenti in concomitanza con la parata militare Trooping the colours avevano indotto a posticipare a giugno anche il Giubileo di platino.

Il giovedì, all'apertura dei quattro giorni di festeggiamenti, la novantaseienne sovrana era comparsa con la consueta aria inossidabile. Sorridente, aveva salutato la folla dal balcone di Buckingham Palace all'inizio della cerimonia, assieme ai membri operativi della famiglia reale. Un tailleur azzurro chiaro, occhiali da sole, il bastone come appoggio ormai indispensabile: sembrava in buona salute, anche se affaticata. Aveva evitato di partecipare invece agli eventi nei due giorni successivi, saltando anche le amatissime corse di cavalli a Epsom, nel Surrey, a sud ovest di Londra. Le aveva seguite per la prima volta in televisione, non all'ippodromo.

Lo spettacolo era stato come al solito magnifico, fin dalla iniziale parata militare, a cui da giovane la regina aveva tante volte partecipato a cavallo: i reggimenti in uniforme da cerimonia, gli elmetti lucidi e splendenti sotto il sole; i reparti di artiglieria con i loro cannoni d'epoca; il sorvolo delle Red Arrows, la pattuglia acrobatica della RAF; il passaggio degli aerei storici, quelli della battaglia d'Inghilterra che salvarono il Paese dall'invasione nazista, lenti e maestosi tanto quanto i jet moderni sono fulmini assordanti. Al paragone di tante parate bellicose e guerresche di altre nazioni, questa inglese sembra piuttosto una grande rappresentazione storica, non meno militaresca, ma certo meno aggressiva e meno guerrafondaia. A ricordare l'immenso impero inglese dei tempi andati furono accesi 1500 fuochi, sia nelle quattro nazioni del Regno sia agli estremi della Terra, quali fari di luce nei 14 territori d'oltremare che appartengono a Londra e alla Corona, dai Caraibi alle Falkland, da Gibilterra all'isola di Sant'Elena di napoleonica memoria.

Il dubbio sul gran finale del Giubileo dunque serpeggiava: ci sarà o non ci sarà? Apparirà di nuovo la regina Elisabetta domenica pomeriggio sulla balconata di Buckingham Palace per concludere quelle straordinarie giornate, memoriale vivente di settant'anni di storia nazionale?

La giornata prevedeva innanzitutto un tripudio di tavolate in onore della sovrana. Oltre sessantamila cittadini si sono ritrovati in feste di strada organizzate da enti locali, associazioni, consorzi e corporazioni, ramificate capillarmente sul territorio, all'insegna di fiumi di birra e chilometri di salsicce, fish&chips, fette di roast beef e *gravy, pudding* e *pies*. Il gran finale era nel pomeriggio con la sfilata di diecimila figuranti che interpretavano periodi diversi della storia recente inglese: gli anni dell'entusiasmo postbellico, la nascita del Commonwealth sulle ceneri dell'impero coloniale, la Swinging London dei Beatles e di Mary Quant. Persino i Sex Pistols, seppure rei nel 1977 di avere stravolto *God Save the Queen* dando nientemeno che della fascista alla sovrana.

Brian May ha interpretato di nuovo l'inno nazionale con un assolo di chitarra elettrica dal tetto di Buckingham Palace. Insomma, il film dei "migliori anni della nostra vita" in salsa inglese si snodava davanti agli occhi di tutto un popolo.

Nel corso della nostra lunga diretta tv su Rai1, aleggiava sempre la domanda che ci tormentava da ore: si affaccerà la regina per il saluto di chiusura? Grazie a una piattaforma dell'Eurovisione, la mia postazione era proprio davanti alla facciata del palazzo, per cui avevo alle spalle il grande balcone delle cerimonie reali. Così, in assenza di conferme ufficiali, mi toccò guardare indietro a ripetizione. Davvero una cronaca in tempo reale. Un crescendo di "arriva o non arriva", perfetto per creare attesa e incatenare i telespettatori, a beneficio degli ascolti che infatti furono stratosferici. Alla fine Ed Sheeran, chitarra a tracolla, concluse lo spettacolo con la canzone *Perfect*. L'ultimo gruppo di teatranti finì di sfilare davanti al palazzo. Altri istanti di incertezza. Si farà vedere o no?

All'improvviso il grande viale davanti al palazzo fu aperto al pubblico, dando il segnale che stava succedendo qualcosa. Una folla immensa si fece avanti, assiepandosi sotto i cancelli. Fu occupato ogni spazio libero, da Trafalgar Square fino a Buckingham Palace. Qualche attimo ancora. Poi finalmente comparve Elisabetta II. Completo verde ramarro e cappello in tinta, questa volta era accompagnata soltanto dagli eredi al trono, Carlo e Camilla, William, Kate e figli. Poteva forse mancare la regina al momento dell'inno nazionale, cantato in suo onore, a una sola voce, dal pubblico e simbolicamente dall'intero Paese? Non poteva e così ci fu, rassicurando in questo modo anche sulle sue condizioni di salute.

Il lungo addio

Il trionfo di quelle giornate fece passare in secondo piano le voci e i segnali di un evidente declino fisico della sovrana. O meglio, sembrarono confermare il sentimento comune. Tutti si illudevano di avere sì di fronte una persona anziana, dall'età quasi secolare, che avrebbe però continuato a vivere e a svolgere il suo compito ancora a lungo. In fondo la regina madre, sua mamma, era campata oltre il secolo. Il consorte Filippo era arrivato alla soglia dei cento. Dai semplici cittadini agli osservatori, britannici e internazionali, tutti ci cullavamo in un rassicurante senso di *denial*. Rimozione collettiva. Non volevamo vedere. Lei c'era sempre stata. Era stata il punto di riferimento della nazione per così tanto tempo... L'80 per cento dei sudditi era nato con lei già sul trono. Elisabetta aveva visto passare 14 premier britannici e 13 presidenti americani, 7 pontefici romani e innumerevoli governi italiani.

Ancora un paio d'anni prima, allo scoppiare della più grave emergenza sanitaria del Paese e del mondo intero, era stata sempre e solo lei a rassicurare i sudditi. Mentre il premier Johnson era in terapia intensiva dopo avere sottovalutato allarmi e precauzioni anti-Covid, era toccato alla ultranovantenne sovrana rincuorarli. «*We will meet again*», "Ci ritroveremo", aveva detto nel suo messaggio alla nazione. Era una frase di una canzone della Seconda guerra mondiale, portata alle truppe da una star dell'epoca, Vera Lynn. Elisabetta si ricordava bene di quell'invito alla speranza.

Anche nelle gloriose giornate del giugno di due anni dopo, festeggiando i suoi settant'anni di regno, Elisabetta dunque illuse ancora una volta tutti quanti. Ci convinse che festeggiare il suo Giubileo di platino non era un modo per dirle addio, ma come al solito un semplice arrivederci. "A presto", la salutò la folla a voce e nel proprio cuore. Purtroppo le cose sono andate diversamente.

Addio prevedibile, addio sorprendente

Tre mesi dopo il Paese si è sentito di nuovo al centro dell'attenzione di tutto il mondo. E in effetti lo era. Questa volta con una nota più triste e profonda. Definitiva. Con la morte della regina, l'8 settembre 2022, si chiudeva un'epoca. L'atmosfera del Giubileo era stata di festa grandiosa. Per i funerali è diventata sacra rappresentazione. Sul lungo viale dove a giugno erano sfilati i danzatori e le ballerine, i gruppi musicali in costume, i carri allegorici, e si era assiepata una folla oceanica arrivata a godersi lo show, sarebbe regnato il silenzio. Un silenzio assoluto, interrotto soltanto dai rintocchi funebri del Big Ben e dal rumore degli zoccoli dei cavalli.

L'estate era trascorsa con segnali intermittenti. La salute della sovrana era in evidente deterioramento. Già prima del Giubileo problemi alle gambe le avevano impedito di aprire la nuova sessione parlamentare a Westminster e l'incombenza era stata affidata al principe Carlo, per la prima volta da solo. Elisabetta aveva mancato soltanto due volte quello che rappresenta il più importante appuntamento istituzionale per un monarca inglese, nel 1959 e nel 1963. Assente giustificata, era in avanzato stato di gravidanza, rispettivamente del terzogenito Andrea e poi dell'ultimo figlio, Edoardo. Nel 2022 quello era sembrato un altro dei progressivi passaggi di consegne all'erede al trono, una transizione graduale pur senza l'abdicazione della regina. Invece era la conferma di un peggioramento di salute che solo il Covid, con i suoi lockdown, aveva per mesi mascherato. Elisabetta si era auto-reclusa nel castello di Windsor dall'inizio del 2020, senza rientrare a Londra dopo le feste di fine anno come era solita fare. Quasi tutti gli eventi erano stati relegati online.

Il cerimoniale si era adattato velocemente. Per la presentazione delle credenziali i nuovi ambasciatori venivano ricevuti a Buckingham Palace, dove arrivavano come tradizione in carrozza d'epoca trainata da cavalli. Accompagnati nella grande sala detta degli Scudieri, ecco comparire la regina sul grande monitor di un computer. Riceveva sorridente gli ospiti, con qualche battuta ironica per quell'incontro virtuale. L'inchino di reverenza davanti alla sovrana era rimasto d'obbligo, ma risultava piuttosto curioso vederlo fare al cospetto di uno schermo.

Queste udienze virtuali sono state man mano imposte alla sovrana anche dal dolore di cui soffriva alle gambe.

Secondo alcune fonti, Elisabetta sarebbe stata colpita da un mieloma, una forma tumorale che la costringeva a trascinarsi dolorosamente. Evitava le cerimonie pubbliche per non doversi mostrare sulla sedia a rotelle, che invece usava a palazzo. Nell'ultima estate era riuscita ad arrivare in aereo in Scozia per il consueto periodo nel castello di Balmoral, adorata tenuta nel verde della contea di Aberdeen, da metà Ottocento patrimonio privato della famiglia reale. Si era fatta vedere pochissimo. Continuava intanto la rimozione collettiva sulla eventualità di una sua prossima morte. D'altronde tanto male non doveva stare una donna di novantasei anni, se ancora poteva salire su un aereo e andare in vacanza. Così pensavano tutti. Così ci consolavamo anche noi giornalisti, tanto più temendo l'immenso lavoro che ci attendeva in caso di decesso.

Siamo stati ben presto richiamati alla realtà, ma la confusione era legittima. Persino negli ultimi giorni di vita la regina ha voluto compiere il suo dovere. Ha ricevuto a Balmoral il premier uscente, Boris Johnson, che da prassi ha rassegnato le dimissioni nelle mani della sovrana. Nella stessa mattinata Elisabetta ha incontrato e dato l'incarico alla nuova premier, Elizabeth Truss. Era martedì 6 settembre 2022. Dell'incontro è stata diffusa solo una foto. Chiaramente visibile era la mano emaciata della sovrana, nera di lividi e iniezioni: una immagine che ha messo tutti sull'avviso. Eppure era ancora difficile pensare che se ne sarebbe andata solo due giorni dopo.

Le sue condizioni sono precipitate in poche ore. Nella tarda mattinata di giovedì 8 settembre i medici di Buckingham Palace hanno comunicato di essere molto preoccupati. Un messaggio in codice. Chi doveva capire ha capito. I conduttori della BBC hanno indossato la cravatta nera, d'obbligo in queste circostanze. Alle 15.10, le 16.10 in Italia, è avvenuto il decesso, come registrato nel certificato di morte. Causa: *old age*, vecchiaia. Solo alle 19.30 – ora italiana – è stato dato pubblicamente l'annuncio ufficiale. La bandiera britannica è stata ammainata a mezz'asta sui palazzi pubblici. Elisabetta II se ne era andata, dopo novantasei anni di vita e settanta di regno.

Nei successivi dodici giorni il lunghissimo addio alla sovrana è stata un'altra prova della forza della monarchia inglese sull'immaginario collettivo dell'intero pianeta. Non c'è stato angolo del globo in cui non siano stati trasmessi e commentati i solenni funerali di Stato.

La regina d'Inghilterra, sovrana del Regno Unito e di altri quattordici nazioni del Commonwealth, era considerata quasi patrimonio dell'umanità intera, le mancava solo il riconoscimento dell'Unesco. Tutti la credevano eterna. Ma non lo era nemmeno lei.

Quattro funerali e un matrimonio: Lady D

Potrei utilizzare al rovescio il titolo del film con Hugh Grant e Andie MacDowell, *Quattro matrimoni e un funerale*. Nei miei due periodi londinesi, infatti, ho assistito e raccontato nei telegiornali, nelle rubriche e nei programmi Rai ben quattro funerali e un matrimonio della famiglia reale. Il conto è presto fatto, visto che la mia avventura professionale inglese è cominciata con la morte della principessa Diana, nel 1997. Arrivai come giovane inviato del TG1 la domenica stessa dell'incidente di Parigi, il 31 agosto. L'auto dell'Hotel Ritz guidata dall'autista Henri Paul, con a bordo Diana e Dodi Al Fayed, oltre alla guardia del corpo Trevor Rees-Jones, si era schiantata contro un pilone sotto il ponte dell'Alma nelle prime ore del nuovo giorno. A Londra già in tarda mattinata l'accesso a Hyde Park per raggiungere Kensington Palace, dimora londinese della principessa, era bloccato da una folla immensa. Fiori, biglietti di cordoglio, commozione: è stato l'evento mediatico di fine secolo per il Regno e per il mondo, un fenomeno di isteria collettiva, visto col senno di poi. La principessa non lasciava dietro di sé alcuna eredità duratura che giustificasse quel dolore planetario. Cordoglio da Londra all'Australia, dal Canada al Sudafrica, Italia compresa. Anche da noi il pubblico sembrava appassionato e stregato da ogni notizia o indiscrezione sull'accaduto. Colpiva la commozione corale, ostentata pubblicamente, che andava in scena in Inghilterra: un popolo famoso per la sua compostezza, quasi freddezza, di fronte a qualunque evento drammatico e tragica calamità si era sciolto invece in lacrime per la povera principessa.

Dopo il primo impatto domenicale, troppo caotico e confuso per lasciarmi tempo di riflettere, il resto della settimana prima dei funerali fu per me un'esperienza professionale unica. Non mi era mai capitato di partecipare a un evento collettivo che coinvolgeva una intera città, anzi un intero popolo. Era una epopea di massa: Londra viveva in quei giorni di un solo interesse, di una sola preoccupazione, di un solo pensiero. La quantità di mazzi di fiori posati davanti ai palazzi reali era sempre più grande. Era difficile spostarsi, meglio andare a piedi nei luoghi legati alla memoria di Lady D, un cerchio magico che si estendeva da Kensington Palace a Hyde Park fino alla Serpentine e ad Harrods.

Gridava il suo lutto Mohamed Al Fayed. Il magnate di origine egiziana, proprietario dei famosissimi grandi magazzini, al dolore di padre aggiungeva il veleno dell'escluso, i sospetti di chi è abituato a trattare affari loschi e la dietrologia di chi vuole dare un senso a un incidente all'apparenza assurdo. Gli stessi dubbi che hanno ossessionato per anni giornali e tv.

I giorni volarono. Noi giornalisti seguivamo ogni indizio, ogni dichiarazione, ogni silenzio del Palazzo. Carlo chiuso nei suoi rimorsi, la regina impassibile per giorni.

I funerali si tennero il sabato successivo all'incidente. La notte precedente, finiti gli ultimi servizi, camminai lungo il percorso che avrebbe seguito il feretro, da Kensington all'abbazia di Westminster, passando davanti a Buckingham Palace, un tragitto pieno di storia, costellato di monumenti e cimeli.

Rai1 seguì ovviamente in diretta la cerimonia e le tre ore di esequie furono il programma più visto dell'anno. Le impeccabili riprese della BBC fornirono una copertura televisiva commovente ma sobria. Quando dico che Lady D non lasciava al mondo una eredità memorabile penso alla statura colossale di Madre Teresa di Calcutta, che morì solo una settimana dopo. Anche i funerali della religiosa furono giustamente seguiti in diretta dal primo canale Rai, ma la povertà delle immagini della tv indiana e la lunghezza della cerimonia fecero un pessimo servizio alla fondatrice delle Missionarie della Carità. Potenza dell'immagine televisiva e di una facile sottocultura pop, che aveva consacrato la principessa più della santa.

Anche la regina cedette alla fine alla commozione popolare. Nei primi giorni dopo la tragedia lei e Filippo seguirono le manifestazioni londinesi dal loro *buen retiro* scozzese. Più passavano le ore e più tutti si chiedevano perché la sovrana restasse lontana, all'apparenza indifferente alla grande tragedia che colpiva direttamente i suoi nipoti. Ricordo benissimo i titoli dei tabloid: *Che ci fa in Scozia?*, *Perché non torna a Londra?*, e così via. Ma Elisabetta anche nelle vicende familiari metteva sempre al primo posto il dovere istituzionale. Probabilmente si chiedeva quanta rilevanza pubblica dovesse concedere alla figura della ex moglie divorziata dell'erede al trono, colei che aveva messo in crisi la famiglia reale e la monarchia stessa. Fu il giovane neo-eletto premier Tony Blair a convincere la sovrana che distanza e freddezza avrebbero creato danni maggiori all'istituzione. La regina e Filippo alla fine decisero di tornare a Londra, ma arrivarono all'ultimo momento possibile, la sera prima dei funerali.

Una folla enorme premeva attorno a Kensington Palace. Da giorni centinaia di migliaia di persone facevano file di ore, giorno e notte, in attesa di firmare il registro delle condoglianze. La metropolitana non fermava alla stazione di High Street Kensington, la più vicina al palazzo. Troppa ressa. I treni viaggiavano a singhiozzo, con lunghe soste a ogni altra stazione per smaltire i passeggeri. Impensabile prendere un taxi, le strade erano tutte bloccate. Con il cuore in gola vedevo passare i minuti che mi dividevano dalla postazione per la diretta del Tg1 serale.

Arrivai appena in tempo, ero giovane e scattante. L'emozione per la morte di Diana era sempre la notizia di apertura di ogni notiziario. Trattenni il respiro per far passare il fiatone e diedi uno sguardo al monitor con la BBC per seguire il messaggio della regina, in onda negli stessi minuti a reti unificate. Alle sue spalle si vedeva la gente che portava fiori ai cancelli. «Ci sono lezioni da trarre dalla sua vita e dalla straordinaria e commovente reazione del mondo alla sua morte» ammetteva Elisabetta al ricordo di Diana.

Quando il giorno dopo la regina d'Inghilterra chinò il capo al passaggio del feretro fu chiaro che anche lei aveva ceduto all'emozione e al volere popolare. Una vittoria postuma per la principessa della gente, *the people's princess*, come l'aveva soprannominata Tony Blair, maestro di comunicazione. Lady D aveva aperto la strada a una monarchia più in sintonia con i tempi nuovi, mediatici e pop, e ha rappresentato una sorta di anticamera della spumeggiante celebrità che sarebbe arrivata in futuro dai social network.

Nei miei anni londinesi la morte di Diana è stata dunque l'inizio di una saga che dura tuttora. Per anni abbiamo seguito il dipanarsi di notizie e voci, indiscrezioni e gossip, complottismi e dietrologie sulle cause dell'incidente di Parigi. Nel frattempo ho fatto in tempo a raccontare anche il funerale della regina madre (2002). Poi la lunga parentesi a Berlino. Quindi eccomi di nuovo a Londra, pronto a seguire il matrimonio di Harry e Meghan (maggio 2018) e il funerale del principe Filippo (aprile 2021). Insomma, con quello della regina Elisabetta, quattro funerali e un matrimonio appunto. Un privilegio professionale che mi permette raffronti di prima mano, vissuti sul campo, respirando le atmosfere e i sentimenti collettivi.

"A livella" dei reali

Posso dunque dire che nulla in questa mia esperienza può essere paragonato alle lunghe esequie di Elisabetta II. "A livella" è sicuramente uguale per tutti, tranne che nella coreografia, tanto più nelle gerarchie reali. Al paragone con l'addio mondiale alla sovrana impallidisce il ricordo dell'ultimo saluto alla regina madre, che scomparve a centouno anni. I suoi funerali nell'aprile del 2002 furono una cerimonia mesta e compunta, ma senza esagerare. Si ricordava una figura simpatica per la gente, che però da decenni non ricopriva più alcun ruolo istituzionale. Si sentiva il rispetto per la donna che era stata a fianco del marito durante la Seconda guerra mondiale, rimanendo a Londra con le figlie anche quando i caccia tedeschi bucavano le contraeree inglesi e i quartieri orientali della capitale venivano bombardati. «Finalmente possiamo vedere l'East End da palazzo» aveva commentato la regina consorte, manifestando un impeccabile humour inglese. Sopravvisse per mezzo secolo alla morte del marito Giorgio VI. Con gli anni era diventata una nonnetta stravagante, che compariva raramente in pubblico, preferendo le serate a Clarence House, in compagnia di un bicchiere di gin. La sua morte era attesa, l'addio fu semplice.

Come lo è stato per il principe Filippo, con l'unico rammarico di non averlo visto festeggiare il secolo di vita. Se n'è andato due mesi prima, forse non a caso. Aveva detto e ripetuto che di quell'anniversario non gli importava granché. Anche per lui dunque un lutto contenuto, considerando l'età e le condizioni di salute sempre più precarie. Da mesi era apparso chiaro che fosse vicino all'epilogo.

Ai suoi funerali, nella cappella di San Giorgio del castello di Windsor, ha commosso piuttosto la vista della regina Elisabetta. Solitaria in un angolo del coro, lontana dai familiari a causa delle restrizioni anti-Covid, minuta e ripiegata su se stessa, chiusa nel suo dolore e incorniciata di nero. Abito a lutto e cappellino abbassato sulla fronte. Il suo lungo addio al mondo è cominciato forse da lì.

Dicono le statistiche che nelle coppie, dopo una convivenza di decenni, quando muore uno dei due, entro al massimo un paio d'anni segue di solito anche l'altro, o l'altra. Elisabetta non è stata una eccezione, anche se da anni con Filippo vivevano a distanza, in camere separate. Soprattutto dopo il ritiro dalla vita pubblica, nel 2017, il principe consorte era spesso assente, cercava di coltivare passioni che aveva trascurato in precedenza. Interrompere la consuetudine di settantatré anni di matrimonio ha pesato comunque anche su una donna d'acciaio come Elisabetta.

Tanti lutti, qualche gioia
Ovviamente non faccio paragoni con il matrimonio che ho avuto in sorte di seguire, celebrato proprio nella stessa cappella di San Giorgio: le nozze di Harry e Meghan. Una unione che sembrava aprire un capitolo nuovo nella famiglia reale inglese, suscitando speranze di una maggiore apertura dei Windsor alla società moderna e alle sue diversità. Una nuora afroamericana – come Meghan

Markle – avrebbe potuto essere la chiave per rafforzare i legami con i Paesi del Commowealth in questo Terzo Millennio, prospettiva che aveva tacitato le preoccupazioni per il passato disinvolto della ex attrice di Hollywood e per il suo carattere fin troppo estroverso. Peccato che le speranze siano svanite presto, in una acredine esplosa così rapidamente da suscitare molte perplessità e altrettante domande. Nella famosa serie tv della coppia, Harry e Meghan hanno lamentato in seguito di avere subito il "razzismo inconscio" del resto della famiglia reale. Lei insomma sarebbe stata accolta freddamente per le sue radici etniche e il colore della pelle.

Se fosse stato vero, la regina avrebbe potuto mettere il veto sulla loro unione. O quantomeno non acconsentire a un matrimonio da favola come quello tenutosi a Windsor, pomposo e rispettoso della tradizione reale ma anche modernamente inclusivo e multietnico, sia nella lista degli invitati, da Oprah Winfrey a George Clooney e moglie, i Beckham o Idris Elba, sia per la presenza del vescovo Michael Bruce Curry, primo afroamericano capo della Chiesa episcopale degli Stati Uniti, il predicatore di colore invitato a tenere l'omelia. L'alto prelato ha confessato di averci pensato a lungo prima di accettare l'invito. Alla fine non si è fatto sfuggire l'occasione per un lungo sermone su schiavismo e diritti civili e politici, con citazioni di Martin Luther King e Teilhard de Chardin. «In quel luogo mi sembrava di sentire ancora la presenza degli schiavi. Le loro voci. I loro canti» ha detto in seguito Bruce Curry. Il coro londinese The Kingdom Choir ha intonato una emozionante versione gospel della canzone *Stand by Me* di Ben E. King.

Insomma l'accusa di razzismo verso quella famiglia reale che guida il Commonwealth post-coloniale, con le sue mille etnie e religioni, è sottile e velenosa. Sia perché in parte vera, considerato l'arcaico apparato di palazzo, sia perché difficile da provare o smentire, in assenza di fatti acclarati. Lo stato d'animo dei giovani sposi si sarebbe inacidito presto ma di tutto ciò si sarebbe parlato – e molto – solo in seguito. In quella gloriosa giornata di maggio a Windsor, anno 2018, baciati da un sole puro e caloroso come l'abbraccio della folla, noi giornalisti ci godevamo lo spettacolo. Pensavamo all'ennesimo successo di questa antica monarchia europea che si allargava così alla conquista del mercato americano.

Storia, non telenovela

Quattro funerali Windsor e un matrimonio reale, dunque. Una avventura professionale che si è estesa nell'arco di un quarto di secolo, on and off, come direbbero gli amici inglesi. Non continuativa in Inghilterra, ma coerente. Si è snodata seguendo anche i reali inglesi. Anche, non solo. Le notizie che li riguardano sono infatti una parte importante ma secondaria nel racconto di questo Paese. Il ruolo dell'istituzione monarchica non è più centrale nemmeno per i britannici più tradizionalisti e nazionalisti. La sua sopravvivenza è un anacronismo di cui sono consapevoli gli stessi cittadini del Regno. È ancora possibile in tempi moderni avere un capo dello Stato, come è ora re Carlo III, solo perché è il figlio del precedente? Stupisce dunque l'attenzione spropositata che alle notizie sui Windsor viene dedicata in Italia. Un genere letterario più che un settore di informazione, un filone di gossip e di chiacchiericcio che alimenta rotocalchi, trasmissioni di intrattenimento e collane editoriali. I Windsor sono diventati una soap-opera: mille le occasioni di pettegolezzo offerte soprattutto dai personaggi minori della famiglia, da Andrea a Harry, ma in passato anche la principessa Margaret e lo stesso Carlo non si sono risparmiati. È il lato umano, o se volete pop, come si usa dire adesso, di un gruppo di persone che in parte rappresentano una famiglia come tante, in parte costituiscono un pilastro di storia inglese. Giusto raccontarlo, ma nelle proporzioni adatte e con un sorriso sulle labbra.

La stessa Elisabetta aveva ben chiaro che in tempi di televisioni onnipresenti e social media onnipervasivi il lato popolare della famiglia reale inglese poteva essere sfruttato con profitto. Altrimenti non si sarebbe fatta convincere a girare gli spot per le Olimpiadi londinesi del 2012 assieme a James Bond-Daniel Craig. O quello per i giochi dei veterani disabili, gli Invictus Games, assieme al nipote Harry. E nemmeno avrebbe lasciato come eredità degli ultimi mesi persino un video con l'orsetto Paddington. Una gag spiritosa che l'ha consacrata definitivamente come nonna – o bisnonna – dei bambini di mezzo mondo.

La monarchia inglese non va però confusa con i ritratti macchiettistici. Lo si è visto ancora una volta nelle giornate di lutto che dalla morte della regina in Scozia ai suoi funerali a Londra hanno accompagnato il feretro. Sono impalliditi nella mia memoria i ricordi dell'emozione superficiale che seguì alla scomparsa della principessa Diana. Niente di paragonabile nemmeno con le esequie della Regina madre e di Filippo d'Edimburgo. Quella era ordinaria amministrazione, senza offesa.

Straordinaria invece l'atmosfera di vero dolore e profonda tristezza collettiva per la regina Elisabetta II.

Come abbiamo visto, il giubileo per i suoi settant'anni di regno era stato l'occasione per celebrare l'Inghilterra più moderna, quella del Dopoguerra, il suo soft power globale di lingua, cultura, musica e teatro. Solo tre mesi dopo, ai funerali della sovrana, è andata invece in scena la tradizione più solenne e antica. Il cerimoniale ha riportato tutti alle radici di questa nazione, che ha visto alla guida da quasi un millennio la stessa monarchia. Una linea dinastica che risale a Guglielmo il Conquistatore (1028-1087), di cui re Carlo III è il 28° pronipote. Monarchia millenaria dunque, evoluta nel corso dei secoli cedendo potere e compiti, ma con gli eredi sempre sul trono, dai

Plantageneti ai Tudor, dai Lancaster agli Stuart, dagli Hannover ai Windsor.

Da London Bridge all'Unicorno

In quei giorni del settembre 2022, benedetti da un sole caldo anche in Scozia, è stato rispettato il protocollo secolare in uso per i funerali di un monarca. Operazione London Bridge. Un programma minuzioso, pronto dai primi anni Sessanta, stabiliva cosa sarebbe accaduto alla morte della sovrana. Alla sua elaborazione si sono avvicendati nel tempo centinaia di funzionari. Chi andava in pensione e chi arrivava fresco di nomina, nei diversi settori coinvolti, dalla Chiesa anglicana al Parlamento, dalla BBC alla polizia, dai vertici militari a quelli governativi e politici. E ancora i dirigenti dei mezzi pubblici londinesi, delle ferrovie, dei parchi reali. Tutti per decenni e decenni a parlare della morte della sovrana, che nel frattempo stava benissimo e faceva gli scongiuri.

Parola d'ordine: «*London Bridge is down*». Il segnale ufficiale. Nella realtà il piano scattato subito è stato quello della cosiddetta "Operazione Unicorno", una appendice supplementare, pronta a titolo precauzionale nel caso la sovrana fosse morta in Scozia, come appunto è avvenuto. In molti sostengono che la sua sia stata una scelta consapevole: sentendo arrivare la fine avrebbe preferito morire nel castello di Balmoral. Sapienza forse inconscia, ma affascinante. Il decesso in Scozia ha costretto infatti a cominciare il periodo di lutto nazionale tra Balmoral e Edimburgo, altrimenti tutto sarebbe ruotato solo attorno a Londra e all'Inghilterra. Ultimo gesto d'amore dunque per la nazione del Regno perennemente tormentata dalla voglia di secessione, eppure fortemente legata a Elisabetta. Nemmeno gli indipendentisti dello Scottish National Party, che governano al Nord, hanno mai messo in discussione la monarchia.

Anch'io come gran parte dei giornalisti sono corso a Edimburgo a seguire quella prima tappa. Ho ancora negli occhi le immagini dello stretto budello del Royal Mile, la strada centrale della capitale scozzese, impercorribile tanta era la folla che attendeva l'arrivo della salma, avvolta nella Royal Standard, la bandiera reale dei Windsor. L'omaggio pubblico nella cattedrale di St. Giles, sant'Egidio, è durato meno di quarantotto ore ma la camera ardente è rimasta aperta ininterrottamente giorno e notte. Ali di folla hanno poi scortato il feretro verso l'aeroporto. Con il cameraman e il tecnico audio siamo arrivati allo scalo in largo anticipo. Poco dopo ogni accesso sarebbe stato chiuso al traffico. Eravamo convinti di non poter nemmeno accendere la telecamera senza permessi, visto che tutte le troupes accreditate erano tenute a distanza in uno spiazzo da cui si vedeva a malapena la torre di controllo. Non aveva senso restare relegati là. L'intraprendenza tuttavia ha dato i suoi frutti. Quello che a Londra sarebbe stato impensabile, ossessionati come giustamente sono per la sicurezza, ci è stato concesso nella più rilassata Edimburgo. Dopo controlli alle nostre apparecchiature e consulti via radio con la centrale, gli agenti ci hanno consentito di restare sulla terrazza di un parcheggio multipiano. Eravamo affacciati proprio sul tratto di pista dove il grande C-17 cargo della RAF attendeva l'illustre passeggera per il suo ultimo volo di ritorno. Le dirette per i programmi pomeridiani e i telegiornali serali erano incorniciate da un tramonto rosso cupo e dalla musica struggente delle cornamuse del Reggimento reale scozzese.

Poco più di un'ora di volo verso la capitale. L'itinerario verso l'aeroporto militare di Northolt, a nord di Londra, è stato seguito online da quasi cinque milioni di persone, rendendolo il volo più "tracciato" della storia.

Siamo ritornati a Londra anche noi, il mattino seguente all'alba. Le immagini della regina Elisabetta erano adesso dappertutto. Gigantografie sulle facciate dei grandi palazzi che accolgono il visitatore lungo la superstrada M4, quella che dall'aeroporto di Heathrow conduce in città, fotografie sulle vetrine dei negozi, dei bar e dei ristoranti. Se non fosse stato per l'eccezionale evento lo avrei trovato un fastidioso culto della personalità. Mi era capitato solo anni prima in Qatar di vedere l'immagine dell'emiro su molti palazzi e allora mi era sembrato davvero inquietante. Nella tiepida fine estate londinese le grandi foto della regina erano invece un commosso messaggio di saluto.

Il giorno dei funerali per noi cronisti è cominciato prima dell'alba. Per attraversare una città blindata mi sono mosso da casa alle 4 del mattino. Entro le 5 si doveva entrare nello spazio riservato alle televisioni accreditate, nel centro congressi dedicato proprio alla regina Elisabetta, il Queen Elizabeth Centre, familiarmente QE2, che sorge proprio davanti all'abbazia di Westminster. La mia postazione era vicina a quella della BBC, mentre alle spalle avevo l'ingresso della chiesa dove si sarebbe svolta la cerimonia religiosa e da dove si sarebbe snodata la processione verso Buckingham Palace e infine verso Windsor. La diretta di Rai1 sarebbe cominciata a breve. Altri colleghi Rai erano disseminati lungo il percorso, dall'uscita del palazzo di Westminster fino al castello della sepoltura.

Le televisioni di tutto il mondo hanno seguito l'intera durata dei funerali, lasciando miliardi di spettatori ancora una volta ammaliati. L'ultimo saluto è durato oltre sei ore ma con tappe che lo hanno scandito rendendolo tutt'altro che noioso. Un ritmo assorto ma scorrevole, fino alla tumulazione privata, solo per i familiari, nella cappella di San Giorgio di Windsor.

La magnificenza dei reparti militari, le uniformi, gli elmi delle guardie reali scintillanti al sole di settembre, i pesanti copricapi in pelle d'orso nero canadese, gli ottoni delle bande, l'acciaio delle spade. Le divise militari d'epoca, uniformi cerimoniali rimaste uguali per tre secoli, più o meno le stesse per l'Esercito e la Marina fin dal Trattato dell'Unione, che nel 1707 costituì la Gran Bretagna.

Quattromila uomini si sono alternati ad accompagnare il feretro. Hanno sfilato i cavalieri con i pennacchi rossi, i reggimenti scozzesi in kilt, persino gli arcieri reali. Nella banda dei granatieri spuntavano ancora le pelli di leopardo e di tigre del periodo coloniale, ormai stampate, non vere, ma comunque simbolo di un'eredità di secoli di storia coloniale e di un mondo che non esiste più, se non appunto nelle cerimonie della monarchia.

Non solo coreografia

È in queste occasioni che l'istituzione mostra di essere ben radicata nella società britannica. Lo testimonia la sequela di ordini cavallereschi rappresentati ai funerali: da quello della Giarrettiera, il più antico e blasonato, fino a quelli del Cardo, di San Michele e San Giorgio, dell'Impero indiano o della Gran Croce della regina Vittoria. E ancora i Gentlemen in armi, che una volta erano le guardie del corpo del sovrano e adesso svolgono un compito solo cerimoniale, rimanendo orgogliosamente in servizio fino ai settant'anni d'età. Le *Ladies in waiting*, accompagnatrici della regina, i balivi e gli sceriffi, funzionari al servizio dei Tribunali.

Persino l'ordine di importanza dato agli invitati risponde a logiche proprie: il presidente americano Biden è stato messo in quattordicesima fila, perché nel mondo arcaico delle convenzioni di Corte prima vengono le teste coronate, poi i presidenti eletti.

Insomma mondi e protocolli scomparsi in tutti i Paesi moderni tranne che nelle tradizioni della vecchia Inghilterra, dove resistono grazie alla aristocrazia e alla istituzione monarchica. Come ha chiosato un amico accademico inglese: «Pensavo di vivere in una moderna democrazia occidentale e mi sono ritrovato per due settimane nel Medioevo». Grazie al suo *English humour* non si è fatto abbagliare dalla bellezza dello spettacolo.

La coreografia sontuosa dei funerali ha infatti tradito un tratto singolare del Regno Unito contemporaneo: l'immutabilità di tante strutture sociali ed economiche. Basti pensare alla proprietà della terra, tuttora appannaggio delle stesse famiglie di antichi latifondisti, non solo in campagna ma soprattutto in aree pregiate delle principali città, Londra in testa. Chi vuole comprare casa in centro deve anche oggi accontentarsi di un *lease*, una locazione a termine, fosse anche per cento o centocinquanta anni. Trascorso il periodo, la proprietà torna al *Landlord*, il signore della terra, un istituto medievale che risale addirittura al primo censimento delle terre in Inghilterra e Galles. Correva l'anno 1086: da due decenni Guglielmo il Conquistatore aveva invaso il sud delle isole britanniche e voleva un quadro «di quanto e cosa possedesse ogni proprietario in terra e bestiame», raccontarono poi gli amanuensi della Cronaca anglosassone. Così fu redatto il *Domesday Book*, dove già si citava la divisione tra *Freeholder* e *Leaseholder*.

Sono passati più di otto secoli. Solo dopo la Prima guerra mondiale si cominciò a mettere in discussione il sistema. Furono introdotte le prime timide riforme per dare più diritti a chi aveva acquistato il *Leasehold*, vivendo magari tutta la vita nella stessa abitazione, per cui era giusto che non rischiasse più di vedersela togliere. Dagli anni Cinquanta i nuovi edifici condominiali vennero quasi tutti costruiti come *Share of Freehold*: ciascun proprietario ha la propria quota di terra e i contratti in leasing divennero sempre più lunghi. Oggi è prassi comune averne anche di 999 anni. Ma il sistema è rimasto pressoché lo stesso, garantendo ai proprietari della terra anche il diritto di riscuotere l'annuale *ground rent*, l'affitto appunto del suolo. Non solo. I costruttori mantengono l'interesse a possedere il *Freehold*, anche se fosse a scadenza secolare. Motivo semplice: hanno così il diritto di gestire l'edificio, scegliendo gli amministratori, le società di manutenzione e i lavori edilizi. Facile immaginare quanti affari si facciano in questo modo.

Feudalesimo del Terzo Millennio

Persino Sajid Javid, ministro conservatore di lungo corso, quando era a capo del Dicastero per edilizia ed enti locali affermò ufficialmente che era necessaria «una azione efficace per porre fine a queste pratiche feudali». Introdusse alcune riforme che facilitano adesso l'acquisto del *Freehold*, ma la struttura giuridica della proprietà rimase immutata. Javid fu presto spostato ad altro ministero, poi entrò in conflitto con Boris Johnson, e di recente ha annunciato che non si candiderà alle prossime elezioni. Quello della proprietà non è un esempio isolato. Nella storia inglese ci sono stati in fondo solo tre passaggi chiave e nessuna vera rivoluzione. In tutte queste tre svolte storiche la classe dominante, l'aristocrazia, ha anzi aumentato il proprio potere. È avvenuto con la conquista normanna, a partire dal 1066, poi con l'esproprio delle proprietà della Chiesa cattolica all'avvento della Riforma, infine, in modo più evidente, con l'Enclosure Act del 1773, che legalizzò la pratica già ampiamente in uso ai nobili di accaparrarsi le Common lands a spese dei contadini. Quella inglese è dunque una società basata da secoli su una rigida struttura di proprietà terriera, nonostante la flessibilità di altre parti del sistema economico e sociale, a cominciare dal mercato del lavoro.

Un altro ministro conservatore, Michael Gove, una decina di anni fa durante un discorso al Brighton College, ammetteva: «Viviamo in una società profondamente ineguale. Più delle altre nazioni sviluppate, da noi i progressi futuri dipendono da dove veniamo e da chi sono i nostri genitori. Chi è nato povero ha più probabilità di restare povero e chi eredita privilegi ha più probabilità di mantenerli. Questo succede ancora in Inghilterra più che in qualunque altro Paese paragonabile. Per chi crede nella giustizia sociale questo classismo e questa segregazione sono moralmente indifendibili». Gove è uno dei pezzi da novanta dei tories, non un rivoluzionario barricadero. Le analisi dei laburisti o dei liberaldemocratici sono ovviamente ancora più dure.

Di stampo medievale sono anche i rapporti tra governo e Parlamento. È tuttora prerogativa dei ministri modificare con atto autonomo articoli di legge senza passare dall'approvazione delle Camere; si tratta di un livello di legislazione cosiddetto secondario, limitato dalla possibilità di ricorsi, ma ancora in uso soprattutto per semplificare testi di legge o ridurre il numero di emendamenti. Si chiama, guarda caso, "clausola di Enrico VIII" perché risale al 1539, anno dell'introduzione di questa norma da parte del re dalle sei mogli. La storia resiste al passare del tempo, come è stato chiaro alla scomparsa della regina Elisabetta. La pompa magna dei suoi funerali ha riportato in superficie, sotto gli occhi di tutti, una arcaica struttura di potere, di norma dissimulata ma ben presente. Inoltre lo spettacolo sfolgorante e perfetto, senza sbavature né il minimo incidente, ha coperto ancora una volta la realtà: quella di un Paese in declino, come la sua monarchia.

Il regno di Elisabetta si è distinto per lunghezza e dignità, ma non ha potuto fare altro che accompagnare questa parabola discendente, assistendo al tramonto dell'impero coloniale. Ha visto rottamare l'industria pesante nazionale, impoverire il Nord post-industriale, smantellare pezzo per pezzo il Welfare, promosso da Attlee nell'immediato dopoguerra e logorato progressivamente da Thatcher, Blair e Cameron. I loro successori a Downing Street si sono poi concentrati sull'operazione di uscita dall'Unione Europea, lacerandosi politicamente al proprio interno e riducendo ancora di più il peso del Regno Unito a livello internazionale. Tutto per inseguire il sogno di una chimerica Global Britain.

Se un merito Elisabetta l'ha avuto, nel limite del suo potere e mandato, è stato quello di riportare un po' di buon senso nei momenti chiave, come l'indipendenza delle ex colonie e la scelta repubblicana per molte di loro, passaggi delicati avvenuti senza conflitti né particolari tensioni. Moderazione mantenuta anche durante gli anni terribili del conflitto in Irlanda del Nord e nei decenni di gravi tensioni e disordini sociali in tutto il Paese.

Fu vera gloria dunque l'abbagliante bellezza della sua cerimonia di addio? Per la sovrana defunta certamente sì. Non si era mai visto un omaggio così sentito e sincero, un simile riconoscimento al ruolo di collante, di filo conduttore, di legame che Elisabetta ha avuto per il Regno, per così tanto tempo. Ma è stato un saluto al passato, non una garanzia per il futuro.

Re Carlo III si trova ora a regnare su un Paese molto diverso da quello che trovò sua madre, giovanissima regina nel 1952.

Lo sfarzo della forma monarchica non corrisponde più alla sostanza, evaporata da decenni. Come l'immagine di una nazione forte e solida non corrisponde più alla dinamica politica, economica e sociale del Regno Unito di oggi. L'illusione ottica e la rappresentazione fantastica del Paese sono assolutamente trasversali: non riguardano solo la famiglia reale, ma anche il mondo politico, come si è visto bene nella recente vicenda del tragicomico governo di Elizabeth Truss.

Capitolo 2

Fantasylandia

La fantasia al potere: Liz Truss

«Ho tre priorità per la nostra economia: crescita...» – pausa teatrale con sguardo circolare sulla sala – «... crescita e ancora crescita». Scandiva lentamente le parole la ex premier Elizabeth Truss, detta Liz. Discorso conclusivo al congresso dei conservatori a Birmingham, ottobre 2022: Truss dal podio cadenzava ogni frase, aspettava l'applauso, riprendeva con tono didattico, distillava parole d'ordine semplici. «Dobbiamo liberare il potenziale di questo grande Paese. Una nuova Gran Bretagna per una nuova era».

Forse ascoltato alla radio questo suo discorso avrebbe avuto un po' di fascino, magari persino di credibilità. Purtroppo per lei era davanti alle telecamere. Così la premier ha offerto una nuova conferma alla profezia di McLuhan: "Il mezzo è il messaggio", più del contenuto. In quella occasione Truss è stata vittima di consiglieri distratti. Tutti i leader e tutti i manager del mondo tengono discorsi leggendo dal cosiddetto "gobbo elettronico", due o tre schermi trasparenti davanti al relatore, su cui scorrono le frasi del testo. A Birmingham i suoi assistenti non si accorsero però che gli schermi erano troppo laterali rispetto al podio e la povera Truss finì per assomigliare all'asino di Buridano, mentre girava la testa da uno all'altro, indecisa se scegliere quello di destra o di sinistra.

Effetto visivo a parte, le sue parole avevano l'obiettivo di spronare il Paese verso una nuova fase. Occorreva sfruttare appieno le potenzialità della Brexit e sfidare coraggiosamente la difficile congiuntura internazionale. Il suo governo aveva varato una drastica manovra fiscale e finanziaria che puntava appunto alla crescita economica.

Pochi giorni prima Kwasi Kwarteng, il Cancelliere dello Scacchiere – titolo medievale che indica ancora il ministro del Tesoro – aveva presentato il suo Mini Budget d'autunno, chiamato proprio "Un piano per la crescita". La Trussnomics guardava più alla Reaganomics degli anni Ottanta negli Stati Uniti che alla ricetta Thatcher per il Regno Unito.

Trickle down, la teoria della cascata. Tagliando le tasse ai più ricchi e alle grandi aziende si liberano risorse che rimettono in moto la macchina economica, facendo uscire un Paese dalla recessione. E così Truss ha fatto: ha eliminato l'aliquota al 45 per cento per i redditi superiori alle 150.000 sterline, con un contentino dell'1 per cento in meno per la fascia più bassa. Nessuna tassazione dei profitti extra delle società energetiche, nessun tetto ai bonus milionari dei banchieri. Taglio dei contributi previdenziali della National Insurance. Solo decreti che non hanno avuto il tempo di diventare legge.

La reazione dei mercati è stata infatti immediata e durissima. In tempi di crisi economica e di inflazione galoppante gli investitori mondiali che comprano i titoli di Stato britannici hanno visto nella Trussnomics solo una cosa: debito pubblico alle stelle. I conti li avevano già fatti molti centri di ricerca, ignorati dal nuovo governo che sbandierava orgoglioso la propria ideologia iperliberista. Una ricetta che richiedeva centinaia di miliardi di sterline di fabbisogno pubblico in più, per finanziare la riduzione del gettito fiscale. Un peso che il bilancio dello Stato non poteva sostenere. Già il debito pubblico britannico era salito dal virtuoso 34 per cento del 2007 al 62 per cento del 2009, poi al 78 per cento nel 2018. Infine si è impennato con la pandemia e con il sostegno economico e militare all'Ucraina. Boris Johnson lo ha portato al 100 per cento del PIL. Aumento di spesa in parte obbligato, viste le dimensioni dell'emergenza, ma anche frutto del vizietto dell'allora premier, abituato a *splash the cash*, largheggiare con i soldi, al governo come nella vita privata.

All'annuncio del Mini Budget da parte del governo Truss la sterlina e i titoli di Stato britannici sono finiti così immediatamente sotto tiro della speculazione. La moneta ha perso il 13 per cento in un mese, scendendo quasi alla parità con il dollaro. Idem per i bond, finiti a valori inferiori a quelli italiani o greci. Un terremoto che ha inceppato per alcuni giorni i meccanismi finanziari dei mutui in Gran Bretagna, con ricadute sui fondi pensione e sui loro investimenti immobiliari. A fine settembre 2022 è dovuta intervenire la Banca d'Inghilterra con una iniezione di liquidità, acquistando 5 miliardi di bond statali in pochi giorni, altrimenti molte società finanziarie avrebbero dichiarato bancarotta. Nemmeno la testa del cancelliere, dimessosi pochi giorni dopo il congresso del partito, né la marcia indietro sui principali provvedimenti della manovra potevano a quel punto salvare la premier.

Truss amava ripetere uno dei celeberrimi slogan di Margaret Thatcher: «*The lady is not for turning*», "La signora non ama cambiare idea". Improbabile erede della Lady di ferro, le sue giravolte sono state invece tali e tante da spingerla velocemente verso l'addio a Downing Street. In poco più di un mese e mezzo si è consumato il più breve governo nella storia britannica.

Quello che conta in questo episodio non è la sorte personale di una premier debole e ideologica. L'ineffabile Truss sembrava davvero disconnessa dalla realtà drammatica del Paese, tanto che, nonostante le dimissioni a tempo di record ha voluto ugualmente tenere il discorso ufficiale di addio davanti al numero 10 di Downing Street, accompagnata da marito e figlie. Il giorno dopo era già in Parlamento come se nulla fosse, con grande imbarazzo dei suoi colleghi deputati. I cittadini erano disorientati di fronte all'altalena delle scelte: il partito conservatore ha perso mesi a eleggere un nuovo leader e premier, mentre infuriava la guerra in Ucraina e i prezzi del gas e dell'energia andavano alle stelle. Ma l'aspetto stupefacente della surreale estate 2022 è un altro. La politica inglese si è fatta irretire di nuovo da un fantasioso sogno di grandezza. Inevitabilmente doveva finire male e le bacchettate dei mercati finanziari hanno messo in pochi giorni il governo con le spalle al muro. Una doccia gelata per chi ancora credeva che il Regno Unito fosse un Paese che poteva permettersi di spendere miliardi senza indicare le coperture finanziarie. Questa volta i grandi investitori hanno riservato a Londra il trattamento usato normalmente verso Paesi super-indebitati, come l'Italia o la Grecia.

Non è certo una novità nella storia recente inglese, le manie di grandezza resistono nei decenni, altrimenti sarebbero venuti in mente anche ai ministri di oggi i giorni drammatici della svalutazione della sterlina, non solo nel 1949 e poi nel 1967, ma anche in tempi più recenti. Era infatti il settembre 1992, quando la valuta inglese fu buttata fuori dallo SME, Sistema Monetario Europeo. Guarda caso assieme alla lira. Allora ad accendere la miccia fu una spregiudicata mossa speculativa del finanziere George Soros. Oggi non c'è stata nemmeno quella: è bastato lo sconsiderato annuncio del Mini Budget. Era già andata così anche nel 1972, quando l'allora cancelliere Anthony Barber, membro del governo guidato dal conservatore

Edward Heath, lanciò una manovra che si chiamava proprio Dash for Growth, "corsa per la crescita": obiettivo +5 per cento del PIL in due anni, grazie appunto a tagli a tasse e welfare, con liberalizzazioni e inevitabile aumento del debito pubblico. Anche allora fu un disastro perché erano i tempi della crisi petrolifera, proprio come oggi quella del gas. Inflazione al 24 per cento, intervento del Fondo Monetario Internazionale, prezzi degli immobili in calo, mutui alle stelle. Proprio come adesso.

Niente memoria storica, una buona dose di arroganza e scelte rigidamente ideologiche e iperliberiste hanno fatto subito deragliare il treno di Truss. E pensare che Elizabeth era nata da genitori di sinistra, molto di sinistra. Il padre docente universitario e la madre infermiera la portavano da bambina alle manifestazioni pacifiste, dove tutti gridavano: «Maggie out, Maggie out». Maggie Thatcher appunto. Appena maggiorenne, Liz si iscrisse al partito liberal-democratico e negli anni universitari diventò presidente della sezione di Oxford. Partecipò alle campagne per la liberalizzazione della cannabis e per l'abolizione della monarchia. A metà anni Novanta era sul podio del congresso nazionale, a Brighton, dove tenne un discorso indignato contro quella regina di cui quasi trent'anni dopo avrebbe accompagnato il feretro. Poi la conversione ai conservatori. Non fu calcolo di interesse, visto che i tories proprio in quegli anni cominciarono un lungo periodo all'opposizione, coinciso con i governi del laburista Blair. Lei ha sempre descritto la precedente militanza come un errore giovanile: «Molte persone nell'adolescenza hanno una fase sesso-droga-rock&roll. Io ho avuto la fase liberaldemocratica» ha spiegato. Insomma l'autoproclamata Thatcher del nuovo millennio è nata politicamente a sinistra e si sa che i convertiti sono i più massimalisti. Liz è infatti diventata più dura e ideologica della stessa Lady di ferro.

Proprio per questo l'avevano votata i 160/180.000 iscritti al partito conservatore che dopo le dimissioni di Boris Johnson sono stati chiamati a scegliere tra lei e il rivale Rishi Sunak. A parte il velato razzismo che favorì la bianca Liz Truss rispetto al giovane brillante ma di origine indiana Rishi, la base dei conservatori era stata galvanizzata proprio dalla svolta iperliberista promessa dalla candidata. Illusione ottica anche la loro: le manie di grandezza affascinano più del realismo pragmatico.

In genere però peggiorano le cose.

Non sarebbe corretto comunque attribuire tutta la responsabilità alla premier per il prevedibile disastro che è seguito alle sue scelte. In realtà la sua visione distorta è stata diretta conseguenza di altre illusioni ottiche seminate oltremanica da almeno una decina d'anni.

Dr. Jekyll e Mr. Hyde
Che spettacolo potente, meraviglioso, irripetibile metteva in scena il Regno Unito nella tarda estate del 2022. Tut-

to un popolo sedotto dalle vicende della famiglia reale, gioiose o luttuose che fossero. Gli occhi del mondo erano ammirati. Ma quel momento di massimo splendore si è trasformato rapidamente in enorme imbarazzo internazionale. I funerali in mondovisione hanno coinciso con l'arrivo di Truss a Downing Street ed entrambe le cose si sono rivelate ben presto una scenografia di cartone, rimossa velocemente a colpi di dura realtà.

Dr. Jekyll e Mr. Hyde, una vera illusione ottica che nasceva da lontano. Gli inglesi non sono solo stati ipnotizzati dalla neo-premier. Da tempo erano terreno fertile. La nostalgia del passato era stata seminata per decenni nel dibattito pubblico, coltivata ben prima del referendum del 2016 sulla Brexit e trasformata in veleno antieuropeo. L'uscita dall'Unione è stata il colpo finale di chi ha portato gli inglesi a dimenticare il loro proverbiale pragmatismo, cattivi maestri che li hanno convinti a percorrere una strada del tutto ideologica, quella dello standing alone, del fare per conto proprio, della mentalità che porta a dire "da soli siamo meglio". Più forti, più liberi.

Come durante la Seconda guerra mondiale, quando la solitaria resistenza inglese fece da barriera in Europa alla potenza militare nazista, prima che Pearl Harbour spingesse gli Stati Uniti nel conflitto come Alleati. Nel giugno del 1940, alla Camera dei Comuni, Churchill tenne il suo discorso più famoso, quello dell'"ora migliore", la più luminosa. «Quello che è successo in Francia (l'occupazione tedesca *n.d.r.*) non ha alcun peso sulla determinazione britannica a combattere. Se necessario per anni, se necessario da soli» disse il premier. Il Paese lo seguì compatto. La retorica dello standing alone fa parte dunque dello spirito nazionale più radicato e profondo, anche quando è mal posta.

Non a caso l'idea di Fantasylandia nasce proprio dalla "Fantasy Brexit" immaginata dai promotori dell'uscita dall'Unione Europea. Come autore di *Brexit Blues*, libro uscito qualche anno fa, dovrei provare una certa *Schadenfreude* di fronte alle conseguenze negative per il Regno Unito, che man mano sono sempre più evidenti. Ormai il Covid non offre più l'alibi dei primi anni, quando tutto era colpa della pandemia. Così sono più chiari i danni all'economia britannica, all'università e alla ricerca scientifica, al mercato del lavoro e alle relazioni con i partner europei, anche se nessuno ancora lo ammette, almeno sul versante politico.

Dobbiamo fare prima un passo indietro, perché anche l'idea della Brexit, come lo spettacolo delle cerimonie reali, era affascinante e seducente...

Brexit Day

«Dieci, nove, otto, sette, sei, cinque, quattro, tre... (pausetta teatrale) due, uno...»: un boato accolse i rintocchi di un finto Big Ben sul megaschermo installato a Parliament Square, la piazza davanti al palazzo di Westminster. Il Big

Ben, quello vero, rimaneva muto e impacchettato da alte impalcature, aspettando la conclusione di lunghi lavori di restauro. Ma i rintocchi della campana più famosa al mondo andavano benissimo anche registrati; non potevano mancare per segnare il passaggio storico. «Siamo fuori dall'Unione Europea! *We did it!* Ce l'abbiamo fatta!» urlava il presentatore sul palco, mentre migliaia di inglesi si abbracciavano esultanti. Saltavano, ballavano, cantavano *God Save the Queen*. Grazie al fuso orario l'agognata libertà era arrivata a Londra con un'ora di anticipo.

Erano le 23 del 31 gennaio 2020. Mezzanotte a Bruxelles. Cominciava per l'Unione Europea un nuovo giorno con un Paese in meno, il Regno Unito. Le immagini di un funzionario che a Strasburgo rimuoveva mestamente la bandiera britannica dal Parlamento europeo contrastavano con la gioia sfrenata della piazza londinese.

A noi giornalisti che facevamo interviste e ai cameramen che filmavano infreddoliti si presentò tutto il repertorio della Old England più tradizionalista. Bombette e giacche blu e rosse, tappezzate come la Union Jack, bandiere nazionali e inglesi ovunque, sventolio di vessilli bianchi con la croce di San Giorgio, mentre sullo schermo comparivano alternativamente gli eroi eponimi della storia recente e i nemici più detestati. Tra i primi ovviamente Margaret Thatcher con i suoi "No, no, no" a Bruxelles. Tra i secondi il presidente della Commissione Europea Jean-Claude Juncker, raffigurato sempre un po' brillo.

Nigel Farage, tribuno della prima ora, giacca in tweed e cappottino dai risvolti in velluto, esordì lanciando il suo saluto: «*Good evening, brexiteers*», "Buonasera paladini della Brexit, siamo qui a festeggiare il momento più importante della nostra storia recente. Il più grande...". Un breve trionfante discorso, poi lasciò la scena a un cantante folk che intonava irridenti sonetti, "Forse Donald Trump non è così male..."; "Grazie a Dio ci siamo liberati di Theresa May!" e via di questo passo. Cartelli che strillavano: "*Our country back*", ci siamo ripresi il nostro Paese. Spettacolo nazionalista, xenofobo e velatamente misogino, visto l'abbigliamento delle cantanti. La Brexit All Star Band suonò *The Final Countdown* e il conto alla rovescia si concluse con un grido liberatorio sui rintocchi del Big Ben. Fuochi d'artificio completarono la scena, come a San Silvestro. A una sola voce salì l'inno nazionale per celebrare il giorno dell'indipendenza.

Una notte magica che ho descritto nel romanzo *Londra Anni Venti*. Il nuovo decennio cominciava sotto i migliori auspici per il Paese, preparati in anni di lavoro dall'ala euroscettica dei conservatori e facilitati dalla incauta decisione del premier David Cameron di indire un referendum. Quesito per i britannici: "Il Regno Unito deve rimanere membro dell'Unione Europea oppure lasciare la UE?".

Remain o *Leave*, nel 2016, le parole dell'amletico dilemma divennero gli slogan dei due fronti. Cameron era convinto di vincere e restare in Europa, ma mal gliene incolse.

Sarebbe comunque sbagliato minimizzare il carsico riemergere dell'antieuropeismo nella storia politica britannica, nonché scorretto ridurlo al folclore dei festeggiamenti e delle manifestazioni di piazza. La notte dell'indipendenza da Bruxelles nasceva da un lungo percorso e da obiezioni legittime verso il progetto europeo, tanto più comprensibili in una nazione orgogliosa e forgiata non solo dalla storia ma anche dalla geografia. I confini naturali di un'isola segnano il carattere di chi ci vive. Provate a chiedere a un siciliano o ancora di più a un sardo. So di cosa parlo avendo sposato una *Sardinian*, come si definisce mia moglie quando a Londra le chiedono da che Paese arrivi.

Un'isola sovrana

Legittima questione, tanto più per una mentalità isolana, è innanzitutto quella della sovranità. Aderire al progetto europeo di *ever closer union*, una unione sempre più stretta, significa accettare progressive cessioni di sovranità nazionale: dilemma ancora più delicato in un sistema istituzionale come quello britannico che non ha una vera costituzione ma si affida a un coacervo di consuetudini e strutture giuridiche accumulate nei secoli, senza mai buttare via quasi niente. Un complicato e incerto quadro normativo, dunque, più vulnerabile alle interferenze di chi lo vuole forzare, dall'esterno, per aderire agli organismi comunitari, o dall'interno, come hanno fatto premier disinvolti, tanto disinvolti da sospendere il Parlamento. Ci ha provato per esempio Boris Johnson a fine agosto 2019, quando bloccò i lavori per evitare l'esame in aula delle condizioni di uscita dall'Unione Europea. La Corte Suprema all'unanimità dichiarò illegale l'atto governativo, la Camera dei Comuni si riconvocò subito, riaffermando la propria autonomia. Un anno dopo però Johnson si è vendicato, facendo approvare una legge che ha tolto al potere giudiziario ogni competenza sul calendario dei lavori parlamentari.

Paradossi di un sistema delicato, che si affida alla buona fede e all'integrità di chi è investito di autorità pubblica. È la famosa *good chap theory*, la teoria della brava persona, elaborata trent'anni fa dal migliore costituzionalista del Regno, Lord Hennessy. In un quadro di norme consuetudinarie, scritte e ancor di più non scritte, occorre insomma fare affidamento sulla rettitudine personale di chi governa, unica vera garanzia di rispetto delle regole. Altrimenti sono guai.

Restiamo per ora sulla questione europea e sui timori inglesi per la cessione di sovranità. In realtà la prospettiva di una Europa federale politica che possa espropriare i poteri nazionali è davvero remota. Di fronte a ogni crisi, finanziaria o geopolitica, emerge quanto ancora embrionale sia la costruzione europea, che non ha una politica fiscale comune, né tantomeno di difesa, con posizioni spesso divergenti in materia energetica. È vero invece che se si vuole far parte di strutture sovranazionali, che siano le Nazioni Unite o la Nato o appunto l'Unione Europea, si deve accettare una condivisione di obiettivi e mezzi per un maggiore bene collettivo. Vale per un club o un circolo di beneficenza, per le coppe di calcio o le Olimpiadi. Vale a maggior ragione tra Stati sovrani.

In più Bruxelles ha sempre tenuto conto della peculiarità britannica. La Commissione Europea ha quasi sempre ceduto alle richieste di *opt-out*, cioè di "deroga" per il Regno Unito da tutte le norme considerate da Londra troppo vincolanti. Che sia l'euro, la Convenzione di Schengen sulla libera circolazione delle persone o il Protocollo sulla politica sociale inserito nel Trattato di Maastricht. Il Regno Unito era esentato da quello che non piaceva oltremanica, una posizione non certo da schiavi incatenati, come invece gridavano i tribuni alla Farage.

Insomma, i comprensibili dubbi di parte del mondo politico inglese sui rapporti tra Stato nazionale e organismi europei – che valgono per tutti i Paesi dell'Unione – potevano trovare altre soluzioni, evitando di affidarsi a un referendum-lotteria, che riduceva la questione europea a un brutale "sì o no". Il populismo però è proprio questo: risposte semplici a problemi complessi, parole d'ordine al posto di ragionamenti. Così quando davvero il dado è stato tratto e gli inglesi hanno deciso di andarsene sbattendo la porta, l'allora presidente della Commissione Europea, Jean-Claude Juncker ha interpretato il sentimento di tutti gli europei sibilando: «Tanto sono sempre stati europei part-time».

Matrimonio di disamore

Certamente il rapporto tra Londra e Bruxelles non era mai stato una "corrispondenza d'amorosi sensi". Piuttosto un matrimonio d'interesse, fin dall'inizio. Negli anni Sessanta un Regno Unito impoverito, ancora alle prese con la ricostruzione del dopoguerra, guardava con invidia alla ripresa economica sul continente. Il veto francese bloccò però a lungo la domanda britannica di adesione. Forse De Gaulle aveva già intuito il futuro. «Manca una reale condivisione di principi» disse più volte in quegli anni per giustificare il no del suo Paese all'ammissione del Regno Unito. In una celebre conferenza stampa nel 1967 sostenne che chiaramente gli inglesi volevano entrare nella Comunità Economica Europea solo per risolvere le proprie difficoltà. Calcolo di bottega, non slancio ideale.

Non passò comunque molto tempo. De Gaulle si dimise due anni dopo e morì nel 1970. Il veto francese venne superato.

Il primo gennaio 1973 il Regno Unito, guidato dal laburista Harold Wilson, aderì alla CEE, assieme a Irlanda e Danimarca. Un referendum nel 1975, premier il conservatore Edward Heath, confermava la scelta con l'appoggio popolare del 67 per cento dei britannici. Insomma, il più sembrava fatto, anche se i primi anni Settanta non furono una dolce luna di miele. La crisi energetica del petrolio e le norme europee spesso più rigide di quelle inglesi alzarono il prezzo dell'adesione. Con Thatcher poi lo spirito nazionale, Falkland docet, tornò a farsi sentire con forza. A scanso di equivoci, però, nemmeno la Lady di ferro arrivò al punto di pensare a una uscita dalla Comunità europea.

«Con tutte le critiche che rivolgeva alle istituzioni comunitarie mai, ma proprio mai ritenne che quella fosse una buona idea» mi ha confermato con decisione Lord Powell di Bayswater, che di Thatcher fu segretario particolare a Downing Street tra il 1982 e il 1990. «Nel referendum del 1975 la premier fu a favore del restare in Europa» ha aggiunto. «Avrebbe fatto lo stesso in quello di Cameron del 2016. Anche l'allargamento a est dell'Unione fu una scelta approvata con forza da Margaret Thatcher, che considerava un obbligo morale avvicinare al resto del continente Paesi vissuti sotto la dittatura comunista per decenni». Dunque non si sarebbe spaventata di fronte all'idraulico polacco, rumeno o bulgaro. «Thatcher avrebbe continuato anche oggi a fare quello che aveva sempre ritenuto giusto» ha concluso Powell. «Restare in Europa, combattere per cambiarla dall'interno e ottenere deroghe sui punti che ci dividevano dagli altri».

Al grido di *I want my money back*, "Rivoglio i miei soldi", fu proprio lei infatti a ottenere nel 1985 un vantaggioso accordo di *rebate*, cioè di rimborso. Gran parte dei contributi britannici al budget comunitario doveva tornare indietro. Il Regno Unito era in effetti penalizzato dal meccanismo di calcolo dei fondi dovuti, poiché versava molto in base alla sua quota di commercio estero verso Paesi terzi e riceveva poco, dal momento che il budget europeo era per tre quarti assorbito dagli aiuti all'agricoltura, che andavano più a Francia, Italia e altri Paesi. Fu dunque una concessione fondamentale quella del *rebate*, di cui il Regno usufruì per più di trent'anni. Salvo dimenticarsene durante la campagna referendaria del 2016, in cui sembrava che i soldi andassero a Bruxelles senza che i britannici ricevessero nulla in cambio.

Nel quasi mezzo secolo di convivenza in Europa il matrimonio sembrava insomma destinato a reggere. Il premier laburista Tony Blair era addirittura personalmente favorevole all'adesione alla moneta unica europea e avrebbe voluto indire un referendum sull'euro. Non lo fece perché lo avrebbe perso: i referendum si tengono solo quando si è sicuri di vincere. Lezione ignorata pochi anni dopo dal conservatore Cameron. E così arriviamo al terremoto del 2015/2016.

Berlino-Londra, sola andata

Ero appena stato rimandato a Londra dopo otto anni trascorsi a Berlino come responsabile dell'Ufficio di corrispondenza per la Germania. Una grande esperienza, l'altro volto dell'Europa. Tanto euroscettica era la mentalità in Inghilterra all'inizio millennio, tanto eurocentrica era invece la politica tedesca, anche per ovvio interesse nazionale. Fatto sta che nei vari governi Merkel del mio periodo berlinese ogni progetto, ogni polemica, ogni dibattito aveva implicazioni europee. Erano gli anni della crisi del debito sovrano: la Grecia era virtualmente fallita e gli aiuti europei furono pagati da Atene a caro prezzo. La maggiore preoccupazione tedesca era in verità rivolta all'Italia. Un effetto domino che coinvolgesse il nostro Paese e il suo esorbitante debito pubblico avrebbe fatto tremare e forse crollare l'euro. Erano gli anni di Mario Draghi presidente della Banca Centrale europea e del suo *"Whatever it takes"* per salvare la moneta unica. Frase pronunciata non a caso a Londra, non a Francoforte. Draghi conosceva bene i suoi ex colleghi delle banche d'affari e dei fondi di investimento della City, la speculazione sulle monete e i titoli di Stato dei Paesi deboli passava di lì. Con le sue parole li mise in riga, tutti capirono che si sarebbero scottati le dita. L'euro fu salvo, ma la conferma si ebbe solo dopo mesi di tensioni finanziarie e sociali, durante i quali Merkel finì raffigurata sui giornali greci con l'elmetto e i baffi da Hitler. Poco da annoiarsi per noi corrispondenti.

Fu strano dunque tornare a Londra nel 2014 al termine di quella full immersion europea. Ritrovai oltremanica il consueto clima di scetticismo, se non di ostilità, verso tutto quello che sapeva di Europa. L'integrazione dell'Unione Europea aveva nel frattempo fatto passi avanti, nonostante i britannici mettessero veti e bastoni fra le ruote ai progetti più ambiziosi, come quello della difesa comune. Proprio la prospettiva di una unione sempre più stretta rimaneva lo spauracchio di qualunque governo inglese. E pensare che nel suo ultimo tentativo di ottenere altre concessioni da Bruxelles David Cameron era riuscito a farsi garantire che in caso di federazione politica Londra sarebbe rimasta fuori. Ma ormai era troppo tardi, la macchina della Brexit era già in moto.

Nella campagna elettorale del 2015 per il rinnovo del Parlamento non si ebbe in realtà la sensazione che il tema europeo fosse al primo posto. Cameron cercava la rielezione al termine di un governo di coalizione con i liberaldemocratici, durato cinque anni. Paradossalmente la sfortuna dell'allora premier fu proprio il suo successo elettorale. Per tacitare l'ala dura euroscettica dei conservatori e compattare il partito Cameron aveva infatti promesso di indire un nuovo referendum sull'Unione Europea ai vari Boris Johnson, David Davis, Liam Fox, Michael Gove e soci, cioè agli esponenti di spicco dell'ala più euroscettica dei tories, riuniti nello European Research Group. Tutti i sondaggi prevedevano che – come nel 2010 – alle elezioni generali di maggio i conservatori non avrebbero raggiunto la maggioranza assoluta. Se avesse formato di nuovo un governo di coalizione, Cameron avrebbe avuto buon gioco a disattendere la promessa, vista la posizione europeista dei liberaldemocratici. Invece a sorpresa, complice il pessimo risultato dei laburisti guidati dall'improbabile Edward Miliband, i conservatori conquistarono oltre la metà dei seggi. Potevano governare da soli. Nessun alibi, dunque, Cameron dovette mantenere la parola data. E così indisse il referendum e si suicidò politicamente. Il 23 giugno 2016 i voti a favore del *leave* furono il 51,89 per cento. Il popolo si era espresso, il Regno Unito sarebbe uscito dall'Unione Europea.

Professione guastatore

Questo breve riepilogo serve a ricordare come svolte storiche possano nascere quasi per caso. Non casuale era però il sentimento antieuropeo diffuso nel Paese. Da anni ne era portavoce Nigel Farage, leader dello UKIP, partito indipendentista britannico. Tribuno pittoresco, verace e brillante conferenziere, pronto alla battuta, disinvolto nei contenuti, decisamente populista. I connazionali ne diffidavano e infatti non è stato mai eletto al Parlamento di Westminster. Lo hanno mandato invece ripetutamente a Strasburgo, eurodeputato per oltre un ventennio (1999-2020), ed è rimasto fino all'ultimo giorno di presenza della delegazione britannica nelle istituzioni europee. Professione: guastatore. Lui e Boris Johnson sono stati i principali cantori del progetto di riappropriazione della sovranità nazionale ceduta a Bruxelles. Brexit insomma, come la dipingeva il lapidario slogan "Take back control" cesellato da Dominic Cummings, capo strategico della campagna referendaria.

Riprendere il controllo, quindi. Ma di cosa? "*Of our borders, our money, our laws*": dei nostri confini, dei nostri soldi, delle nostre leggi. Messaggio semplice. Il nocciolo di ogni nazionalismo: da soli facciamo meglio. Lontani dal carrozzone di Bruxelles e dalla sua burocrazia, i contributi al bilancio europeo sarebbero stati spesi in patria, per la sanità, per le infrastrutture, per le grandi opere. Fuori dal mercato unico il governo nazionale sarebbe stato di nuovo libero di siglare accordi commerciali bilaterali con Paesi terzi, avrebbe potuto imporre norme più rigide per l'immigrazione, uscire dalle convenzioni europee che vincolano il sistema giudiziario britannico. Spezzare paletti, limiti, restrizioni. Un crescendo di speranze e grandi progetti, se solo gli inglesi avessero avuto il coraggio di rompere le catene dell'Europa unita. I *brexiteers* usavano proprio questo termine, *shackles*: i ceppi, le catene.

Farage ha costruito la sua carriera sulla paura del *Polish builder*, il muratore polacco. Dopo l'ampliamento dell'Unione a Est, con l'ingresso nel 2004 di Polonia, Repubbliche baltiche, Repubblica Ceca, Slovacchia e ancor di più con quello di Bulgaria e Romania (2007), infatti, sul mercato del lavoro britannico si preparavano a sbarcare ondate di manodopera a basso costo. Il fenomeno riguardava tutti i Paesi aperti alla libera circolazione delle persone, Germania in testa, poiché rappresenta la cerniera dell'Europa a Est, ma la lingua inglese, la presenza di familiari o conoscenti e i retaggi storici spingevano molti a preferire la Gran Bretagna. I polacchi ad esempio parlano inglese e non amano il tedesco.

Erano gli anni di Blair e della *Cool Britannia*, la nuova Inghilterra più moderna, alla moda e di tendenza. Piovevano gli investimenti finanziari e immobiliari non solo dei petrodollari, ma anche dei nuovi ricchi russi. Cominciavano ad affacciarsi i magnati dell'Asia orientale, thailandesi, indonesiani e i primi cinesi. Il boom edilizio di Londra e delle altre maggiori città sembrava inarrestabile. Esplodeva la domanda di manodopera in settori dove gli inglesi tradizionalmente non bastavano o che preferivano evitare, quindi edilizia ma anche sanità. Medici e paramedici, idraulici o braccianti agricoli arrivavano dall'Est Europa a riempire le fila, un flusso di 200/300.000 nuovi residenti all'anno, al netto tra arrivi e partenze. Cameron si era impegnato a ridurli sotto i centomila, quota di cui l'economia britannica aveva fisiologicamente bisogno.

Preoccupava la libera circolazione delle persone. Si temeva di non poter mettere alcun freno agli arrivi di una concorrenza agguerrita umanamente e professionalmente. Il *Polish builder*, così come l'idraulico o il meccanico romeno o bulgaro, costava meno ed era più bravo. Nemmeno all'orizzonte si profilava ancora l'emergenza dei clandestini, esplosa invece in questi ultimi anni. La ricetta Brexit non si accontentava però di frenare il flusso di migranti, era molto più ambiziosa: il Regno Unito doveva andarsene dall'Unione. Occorreva convincere gli inglesi con ogni mezzo.

Il laboratorio delle fake news
La campagna referendaria sulla Brexit è stata un laboratorio di fake news. Non a caso protagonista in Inghilterra ne è stata la stessa agenzia privata che solo pochi mesi dopo ha contribuito alla vittoria di Donald Trump nelle presidenziali americane nel novembre 2016. La Cambridge Analytica, società di consulenza e analisi dati con sede a Londra, aveva acquisito decine di milioni di profili Facebook, tramite un ricercatore dell'Università di Cambridge, Aleksandr Kogan, che aveva avuto accesso alla banca dati a scopi accademici. Quando è scoppiato lo scandalo il fondatore Mark Zuckerberg ha sostenuto di essere stato tradito e ha dovuto affrontare audizioni parlamentari e cause giudiziarie per non avere garantito la riservatezza delle informazioni personali. Nel 2019 Facebook ha pagato 5 miliardi di multa alla Federal Trade Commission americana. La neonata Meta a fine 2022 ha patteggiato poi un risarcimento di 725 milioni di dollari a gruppi di utenti riuniti in alcune class action.

Nel frattempo il danno era stato fatto. Cambridge Analytica aveva tracciato le preferenze politiche di milioni di elettori. I suoi esperti di elaborazione dati avevano confezionato messaggi elettorali mirati e precisi. I test sono stati proprio il referendum britannico e le presidenziali americane. Sui social e sui media tradizionali in Inghilterra le fake news si sono sprecate, dando vita a una campagna senza scrupoli, complice la disinvoltura di personaggi come Johnson e Farage.

La prima e più clamorosa bugia, scritta a caratteri cubitali sulle fiancate dei pullman della propaganda *leave* e rilanciata da giornali e tv, riguardava i fondi del servizio sanitario nazionale. Si promettevano "350 milioni la settimana all'NHS", cioè al National Health Service. Il Regno Unito contribuiva al bilancio europeo, secondo quello slogan, con appunto 350 milioni di sterline settimanali. Una volta fuori dall'Unione Europea, quella cifra poteva restare nelle casse britanniche ed essere usata per ospedali e medici di base, per i veri bisogni dei cittadini, non per la burocrazia di Bruxelles. La cifra era falsa, ovviamente sovrastimata. In ogni caso riguardava solo quanto il Regno mandava alle casse europee e non quanto riceveva in cambio e cioè i tanti fondi comunitari, per la ricerca, la cooperazione, le infrastrutture. Non era vero che da Bruxelles non tornava nulla. Anzi. Celebre l'inchiesta di Carole Cadwalladr sul *Guardian*: un viaggio nei piccoli centri gallesi che avevano votato per la Brexit senza sapere che avrebbero perso decine di milioni di fondi infrastrutturali europei. Nessuno glielo aveva spiegato.

Idem per la grande bugia sulla Turchia. I leader della campagna pro Brexit sostenevano che il Paese asiatico stava per diventare membro a pieno titolo dell'Unione Europea. I suoi 85 milioni di abitanti si sarebbero riversati per le strade d'Inghilterra, paradiso in terra. Come si sa, invece, la richiesta di adesione di Ankara langue da anni in una corsia morta, tanto più dopo che il presidente turco Erdoğan ha rivelato il suo volto autoritario e repressivo. Simili fake news facevano tuttavia presa sulle paure della gente, corredate com'erano dalle foto di lunghe file di migranti che premevano sui confini orientali dell'Unione. Erano i siriani che arrivavano in Germania dopo l'apertura della Merkel: la strada verso la Manica era ancora lunga, ma bastava quell'immagine per spaventare gli inglesi.

Insomma, già nelle settimane di accesissimo dibattito in vista del referendum, si poteva capire che non era tutto oro quello che luccicava nella propaganda pro Brexit. Molti erano specchietti per le allodole. La narrazione antieuropea viveva di una promessa affascinante: tornare indipendenti, togliersi le catene, liberare l'energia di un grande Paese che ha sempre guardato più al mondo intero che ai vicini continentali, valorizzare un potenziale tenuto troppo a freno da organismi e norme comunitarie. Chi non avrebbe voluto sventolare di nuovo la bandiera della libertà ed ergersi orgoglioso oltre le barricate degli impegni comunitari?

Il governo Cameron dopo avere aperto le porte del populismo cercò tardivamente di richiamare tutti alla ragione, invitando a votare per restare in Europa. Le preoccupazioni per l'uscita dal mercato unico facevano però meno presa dei proclami ideologici e nemmeno l'emozione per la morte della deputata laburista Jo Cox, uccisa al grido di «Britain first» da un estremista di destra, raffreddò gli entusiasmi. Cameron a Downing Street sperava che, come per il referendum scozzese di due anni prima, anche in questo caso la maggioranza silenziosa alla fine avrebbe fatto la differenza. Se in piazza e sui tabloid gli slogan erano tutti anti-europei, sui giornali più seri e in tv si invitava a usare il cervello.

Alla fine è arrivato il giorno del voto. I britannici avrebbero scelto *Leave* o *Remain*? *Too close to call*: scarto troppo ridotto tra i due schieramenti. I sondaggisti rinunciarono a proiezioni ed exit poll. Occorreva attendere lo spoglio dei voti reali.

Leave *o* Remain, *questo è il dilemma*

Ci siamo addormentati tutti nell'incertezza. Nella notte molte circoscrizioni del Nord Inghilterra considerate *Remain* si sono rivelate man mano sul fronte opposto. Alla fine il *Leave* ha ottenuto un vantaggio marginale ma sicuro. Persino i protagonisti della vittoria erano storditi e frastornati, il mattino dopo. Nessuno aveva davvero creduto che la Brexit sarebbe stata approvata, nessuno aveva una strategia pronta per affrontare l'uscita dall'Unione. Mai successo prima che un Paese membro volesse andarsene. Solo all'articolo 50 del Trattato di Lisbona, in vigore dal 2009, si prevedeva questa possibilità. Il governo succeduto a Cameron, quello di Theresa May, ha impiegato un anno solo per attivare la procedura, che avrebbe richiesto poi due anni di negoziati.

Ci è voluto dunque molto tempo prima di sancire davvero il divorzio. Districare norme e accordi consolidati non è stato facile e il lavoro non è ancora concluso. La prudente Theresa May ha cercato di evitare salti nel buio, rallentando le trattative per trovare una impossibile quadratura del cerchio. A fine 2018 il nodo irrisolto dell'Irlanda del Nord ha bloccato l'accordo generale e il governo inglese è stato costretto a chiedere rinvii su rinvii per la data di uscita dall'Unione. Nel frattempo la premier aveva nominato Boris Johnson ministro degli Esteri per coinvolgerlo direttamente nella responsabilità di governo. Sperava così di tenerlo sotto controllo. Ma lui dopo pochi mesi si è sfilato e ha cominciato la guerriglia politica per sostituirla. Ha cavalcato il malcontento dell'ala dura del partito che voleva uscire dall'Unione al più presto, anche senza accordo con Bruxelles: «Applichiamo le norme dell'Organizzazione mondiale del commercio e siamo a posto» bombardavano i vari Jacob Rees-Mogg e David Davis, senza spiegare che in quel modo si sarebbero pagati dazi sulle merci da e per i Paesi europei, mentre May cercava di resistere, consapevole dell'importanza di evitare tariffe doganali con il continente.

Al grido di «*Get Brexit done*» – copyright ancora di Dominic Cummings – alla fine Johnson ha disarcionato la moderata May ed è diventato leader del partito conservatore e primo ministro. Era l'estate del 2019. A quel punto doveva soltanto liberarsi di un Parlamento composto ancora in maggioranza da deputati filoeuropeisti. Ha indetto così elezioni anticipate, promettendo di chiudere il capitolo Brexit e di uscire definitivamente dall'Unione Europea, e le ha vinte a valanga. Una maggioranza di 80 deputati: margine di scarto che non si vedeva dal 1979, quando leader era Margaret Thatcher. Fantasylandia aveva ancora una volta illuso milioni di elettori. Non solo quelli tradizionalmente conservatori, ma anche molti delle circoscrizioni del mitico Red Wall, il muro rosso del Nord Inghilterra che in passato non aveva mai tradito i laburisti.

D'altronde il leader dell'opposizione Jeremy Corbyn era quasi più euroscettico di Johnson, in linea con una consolidata tradizione anti-europea della sinistra del partito. Basta ricordare il segretario di inizio anni Sessanta, Hugh Gaitskell, il quale dichiarava nelle interviste: «Entrare nella Comunità Economica Europea significa la fine della Gran Bretagna come nazione indipendente. Diventeremmo niente di più che il Texas o la California negli Stati Uniti d'Europa». I laburisti di allora diffidavano delle norme europee sul lavoro e sul welfare, meno garantiste di quelle britanniche del tempo. Decenni dopo i ruoli si sarebbero invertiti ma quando Margaret Thatcher propose l'adesione al mercato unico, convinta dei benefici per l'economia britannica, i laburisti votarono contro, compresi i futuri leader Tony Blair e Gordon Brown.

Nessuna sorpresa dunque che nel referendum del 2016 Corbyn e l'allora suo ministro ombra per la Brexit, Keir Starmer, lanciassero messaggi contraddittori. Nemmeno sul fronte dell'opposizione c'era stata insomma una proposta alternativa per rimanere in Europa. Né ci sarebbe stata tre anni dopo, durante la campagna elettorale per le elezioni anticipate di fine 2019, tutta giocata da Johnson sulla spallata ai titubanti. Se il leader laburista fosse stato un po' filoeuropeo, le cose sarebbero probabilmente andate diversamente in entrambe le occasioni. Tra un euroscetticismo e l'altro gli elettori hanno premiato quello più diretto e chiaro. Ha vinto l'originale, quello dei conservatori e di Boris Johnson. E Brexit fu.

Nubi all'orizzonte

Le conseguenze in parte sono state immediate, in parte si stanno delineando solo adesso.

Il trattato di recesso, cioè di uscita dall'Unione Europea, è entrato in vigore a fine gennaio 2020. Poi è cominciato il periodo di transizione, durato fino al 31 dicembre dello stesso anno. Solo il primo gennaio 2021 dunque sono entrate in vigore le nuove norme: chi arriva nel Regno Unito per lavoro o studio deve essere in possesso di un visto di ingresso; solo i turisti ne possono fare a meno, per una permanenza di un massimo di tre mesi; la carta di identità non è più valida per l'ingresso, occorre il passaporto con almeno sei mesi di validità; è in programma un visto elettronico a pagamento, sull'esempio di quello che l'area Schengen richiederà ai visitatori di Paesi terzi dal novembre 2023; le merci in importazione ed esportazione sono sottoposte ai controlli doganali, come *mezzo secolo fa*. Il Regno Unito è tornato a essere un Paese terzo, extracomunitario.

Non è solo questione di maggiori controlli. Con la Brexit, ad esempio, i nostri studenti, italiani ed europei, pagano rette universitarie almeno doppie rispetto a prima. In passato alunni inglesi ed europei godevano dello stesso trattamento, ora non più. I nostri pagano ormai come gli studenti del resto del mondo, tariffe molto più care dunque. Ne parleremo meglio più avanti. Inoltre non si ha più diritto al prestito d'onore inglese.

Restrizioni ancora maggiori sono scattate in campo lavorativo. Non si può più attraversare la Manica per cercare una occupazione, come hanno fatto per decenni centinaia di migliaia di nostri ragazzi. Finita la libera circolazione europea, occorre adesso avere uno sponsor locale, che offra un contratto di lavoro. Su questa base si chiede il visto. Ci sono altre condizioni: è necessario un salario minimo di almeno 27.500 sterline, circa trentamila euro, troppe per categorie tipiche dell'emigrazione italiana in Inghilterra, camerieri di sala e commessi di negozio. Ci sono dunque molti arrivi in meno. Ristoranti, bar e negozi lamentano carenza di personale e i danni post-Brexit per i lavoratori europei sono evidenti.

Per i britannici teoricamente si sono aperti invece scenari più vantaggiosi. Obiettivo: tornare globali nel commercio, con trattati di libero scambio non legati a quelli dell'Unione europea, senza dover rispettare le norme e gli standard decisi a Bruxelles. La speranza, ad esempio, di avviare un commercio senza dazi con gli Stati Uniti, il mercato più importante dopo quello europeo per l'interscambio inglese, il più ricco, il più ricercato. D'altronde, Donald Trump aveva sostenuto pubblicamente la Brexit, facendo appunto balenare la prospettiva di un accordo transatlantico in tempi brevi.

Ed ancora, si sarebbero avviati programmi di ricerca e di scambi studenteschi non limitati ai Paesi europei. Al posto di Erasmus sarebbe partito un nuovo progetto, dedicato ad Alan Turing e aperto a studenti di tutti i Paesi del mondo.

Fuori dai lacci e lacciuoli delle norme europee anche la City di Londra avrebbe potuto rifiorire come mercato globale, dando vita a una finanza più creativa e dinamica. Qualcuno già sognava una sorta di "Singapore sul Tamigi".

Idem per il mercato del lavoro. Si sarebbero potute finalmente adottare norme più flessibili e gli inglesi sarebbero finalmente stati liberi nel trattamento degli immigrati così come nell'esercizio della giustizia, le cui procedure sarebbero state più snelle e veloci, senza dover attendere ogni volta l'esito dei ricorsi all'Alta Corte europea.

Districare le migliaia di norme e leggi europee ormai recepite nel diritto britannico è stato però così complicato che alla fine sono state mantenute in blocco, rimandando a un secondo momento un esame più approfondito, ancora in corso.

Alla fine l'accordo di recesso dall'Unione Europea ha regolato soprattutto due punti chiave. Primo: i diritti dei milioni di cittadini europei residenti stabilmente oltremanica. Secondo: il libero scambio tra mercato unico europeo e Regno Unito.

Agli europei già residenti da almeno cinque anni è stato riconosciuto – su domanda, non automaticamente – il *settled status*. Chi non aveva ancora raggiunto questo periodo ma intendeva restare poteva chiedere il *pre-settled status*, anticamera della residenza permanente. Permanente, ma non definitiva: si perde infatti in caso di assenza dal Regno Unito per più di due anni.

In campo commerciale è stato mantenuto il regime di libero scambio con il mercato unico europeo. Tariffe zero, niente dazi. Ma il ripristino dei controlli doganali ha comunque aumentato i costi, com'era scontato che avvenisse per via della maggiore documentazione di accompagnamento alle merci e della necessità di più personale e di più verifiche alla frontiera, soprattutto per i prodotti alimentari, sottoposti di nuovo a esami veterinari e fitosanitari. Rinunciare alla libera circolazione delle merci con il Continente aveva il suo prezzo. Ma nelle gloriose giornate di fine 2019, dopo la clamorosa vittoria elettorale dei conservatori di Johnson, queste preoccupazioni turbavano ben pochi.

Dalla Brexit al Covid

Brexit done, è fatta! Così avevano dunque festeggiato le migliaia di *brexiteers* nella fredda e tersa notte di fine gennaio 2020. Dopo tanti affanni e timori di un ripensamento collettivo, finalmente missione compiuta. Scelta democratica. Avanti tutta. Ci sarebbero stati ancora mesi di transizione ma la bandiera britannica era stata finalmente ammainata dalle istituzioni comunitarie. Tornavano in patria i 73 nuovi deputati britannici al Parlamento europeo, eletti appena un anno prima, Farage compreso. Londra aveva già ovviamente rinunciato al commissario britannico di turno, mentre per le centinaia di funzionari inglesi che dopo anni di lavoro volevano restare dipendenti europei era stata trovata una soluzione. Sarebbero rimasti a Strasburgo o Bruxelles o nelle altre sedi.

Brexit era diventata realtà. Risultato per nulla scontato, vista la battaglia scatenata negli anni precedenti da chi voleva fermare il processo di uscita. Ricorsi in tribunale, battaglie politiche in Parlamento. Contro la Brexit ci furono ripetute manifestazioni di piazza, le più imponenti dai tempi della guerra in Iraq: un fiume di centinaia di migliaia di manifestanti aveva più volte paralizzato il centro di Londra. Tutto ormai superato, dopo anni di montagne russe e di grandi emozioni politiche e giuridiche, private e collettive, personali e familiari. Il dado era finalmente tratto, il Regno era fuori.

E niente paura, il rapporto con gli "amici e partner", «con i nostri vicini europei rimarrà ottimo» ripeteva Boris Johnson. Lo aveva sempre detto, anche durante i momenti più accesi della campagna referendaria: «Siamo europei e lo rimarremo. Semplicemente usciamo dagli organismi dell'Unione Europea». Toni accomodanti, mantenuti a maggior ragione da ministro e poi da premier. Aveva vinto, era arrivato a Downing Street. Il futuro era roseo, una volta che Brexit fosse stata messa in grado di esprimere il proprio potenziale. Il biondo premier, fresco trionfatore delle elezioni di metà dicembre 2019, a cavallo di Capodanno si poteva concedere una meritata vacanza nell'esclusiva isola di Mustique, ai Caraibi, con la nuova fidanzata Carrie. Gentile omaggio di un finanziatore del partito. Una regalia da quindicimila sterline, finita poi nel mirino del Comitato di controllo degli standard dei parlamentari, organismo che il premier avrebbe incrociato molte volte nei mesi successivi. Vacanza meravigliosa, futura moglie giovane e appassionata, Brexit avviata alla fase finale: il 2020 si apriva per il premier e per il Paese sotto i migliori auspici.

Chissà se è stato un caso di *hybris* che la sorte ha deciso di punire. Fatto sta che l'anno nuovo per i britannici, premier Johnson in testa, si sarebbe in realtà rivelato ben diverso dalle attese. Per tutto il 2021 Brexit è rimasta sospesa, causa periodo di transizione, e quindi non poteva dare frutti immediati. Nell'attesa si è scatenato un nemico inatteso, il virus che per due anni avrebbe cambiato le nostre vite. Ha trovato il governo e le autorità sanitarie inglesi impreparate come dappertutto, eppure il Regno Unito aveva avuto un vantaggio di almeno 2/3 settimane rispetto al continente.

La portata della pandemia e le misure necessarie per contenerla erano chiare dopo la tragedia di Bergamo e del Nord Italia. Solo i lockdown potevano evitare il peggio. Il primo in Italia è stato imposto il 9 marzo 2020. In Inghilterra per altre due settimane invece Boris Johnson ha visitato ospedali e case di riposo, ripetendo che bastava lavarsi bene le mani dopo i contatti, e disertato un paio di vertici del Comitato Cobra per le emergenze nazionali, indetti proprio per affrontare l'emergenza. Passavano i giorni e il virus si diffondeva al galoppo. Il documentario *This England*, prodotto da Sky Atlantic, ripercorre bene la sottovalutazione iniziale della pandemia. Johnson in quei giorni era preoccupato di altro: doveva comunicare ai suoi numerosi figli che sarebbe arrivato un nuovo fratellino. Carrie era incinta, il piccolo sarebbe nato a fine aprile.

Le notizie che arrivavano dall'Italia avrebbero dovuto metterlo in allerta. Invece il governo inglese è corso ai ripari solo quando il professor Neil Ferguson dell'Imperial college ha mostrato le proiezioni statistiche che prevedevano centinaia di migliaia di morti, nel caso non si fossero adottate misure drastiche sull'esempio cinese e italiano. Era lo stesso gruppo di ricercatori, tra cui alcuni italiani, che a fine febbraio aveva trasmesso al nostro Consiglio Superiore della Sanità la stima di mezzo milione di decessi in Italia, se non si fosse corsi ai ripari.

Un lockdown pieno di buchi

Il primo lockdown inglese è arrivato così solo il 23 marzo 2020, con settimane di ritardo. Settimane perse, durante le quali amici e familiari dall'Italia tempestavano di telefonate noi della comunità oltremanica, raccomandando prudenza. Un amico bergamasco mi fece una chiamata drammatica, descrivendo il clima di terrore in città. Se ci siamo salvati pur andando a lavorare durante le prime noncuranti settimane di diffusione del virus è probabilmente grazie a chi ci ha messo così sull'avviso. E pensare che già a fine gennaio la British Airways aveva sospeso i voli da e per la Cina, causa il diffondersi del virus a Wuhan. Dal Paese asiatico si arrivava comunque a Londra con altre compagnie o facendo scalo in altri Paesi prima di atterrare in Inghilterra. Non a caso il primo paziente britannico affetto da Covid era arrivato da Singapore via Francia. Era tornato a casa a Brighton il 6 febbraio. Una settimana dopo è stata introdotta la raccomandazione all'autoisolamento per chi arrivava dai Paesi asiatici colpiti. Il 25 è stata estesa anche agli arrivi dal Nord Italia. Non c'era però alcun screening o test all'aeroporto, quindi la misura era in pratica ininfluente.

Per tutto febbraio negli scali britannici sono atterrati in media un milione e mezzo di passeggeri a settimana, come nell'anno precedente. Ancora più inspiegabilmente le iniziali precauzioni sono state ritirate il 13 marzo. In Italia si erano già superati i quindicimila casi e i mille morti. In Inghilterra fino a giugno si continuava a viaggiare normalmente. Il Select Committee parlamentare sugli Affari Interni ha avviato in seguito una indagine sulle scarse misure. Nel rapporto finale si legge: «Al confronto con altri Paesi l'approccio britannico fu del tutto inusuale». Ed ancora: «Fu un serio errore, non basato su evidenza scientifica e deciso senza tenere conto delle misure già adottate dove la situazione epidemiologica era analoga». Tre mesi di vuoto, da metà marzo all'8 giugno 2020, mentre la pandemia divorava vite e si diffondeva a macchia d'olio in tutto il continente. Il motivo ufficiale di quella scelta puramente politica era che nel frattempo Boris Johnson e il suo ministro della Sanità Matt Hancock avevano raccomandato a tutti di "stare a casa". Questo valeva anche per chi arrivava dall'estero. Ufficialmente non servivano dunque altre restrizioni, nemmeno per i viaggiatori provenienti dalle aree a rischio. Ovviamente non era così, affidarsi all'autodisciplina di fronte al Covid era una scommessa alla cieca.

Johnson a inizio febbraio aveva però definito troppo "draconiani" i provvedimenti adottati da Paesi come l'Italia. Nel retropensiero del governo rimaneva la strategia dell'immunità di gregge e una buona dose di presunzione: la convinzione di essere diversi, più resistenti, più forti degli altri. Invece sono arrivati anche qui mesi drammatici. Persino il premier si è ammalato. È rimasto prima in autoisolamento a Downing Street, positivo al Covid, febbricitante e con gli occhi lucidi. Ai primi di aprile è finito in terapia intensiva. Salvo per miracolo.

L'inossidabile regina Elisabetta, prudentemente a Windsor in isolamento fin dalle prime notizie della pandemia, si è dimostrata ancora una volta il punto di riferimento dei britannici. «*We will meet again*», "Ci ritroveremo", disse la sovrana. Bollettino di guerra quotidiano, mille e più morti al giorno. Il Regno Unito in testa alle statistiche: il Paese con più vittime in Europa fin quando non sono stati cambiati i criteri di classificazione. La diagnosi di positività al Covid "valeva" a quel punto solo 28 giorni, chi moriva dopo quel periodo non veniva registrato come vittima del virus. Così anche i dati oltremanica si sono allineati a quelli italiani. Miracoli della scienza statistica.

Vaccini record e altri primati
Come in tutti i Paesi, europei e non, anche oltremanica il 2020 è stato dunque l'anno dello tsunami sanitario

causato dalla pandemia e il 2021 quello della lenta ripresa, grazie ai vaccini. Tanto incerta era stata la reazione delle autorità britanniche all'inizio del Covid, quanto rapida ed efficace è stata la risposta vaccinale. Si è visto in pratica quanto è importante disporre sul territorio nazionale di centri di ricerca all'avanguardia. Fondamentale poi la sinergia tra laboratori accademici e industria farmaceutica. All'Istituto Jenner dell'Università di Oxford è stato sviluppato a tempo di record un vaccino anti-Covid tradizionale, basato su una tecnologia consolidata in un ventennio di ricerche. Nome scientifico "ChAdOx": lavora con una versione del virus modificata, in questo caso su scimpanzé. Gli esiti della ricerca cominciata nel 2000 e finanziata negli anni da molti enti, tra cui proprio l'Unione Europea, erano stati sperimentati con successo anni prima con il vaccino contro l'ebola. Era leggermente meno efficace ma più stabile ed economico di quello sviluppato con la nuova tecnica mRNA dei vaccini Pfizer-BioNTech e Moderna. Per questo il vaccino di Oxford è stato adottato dal programma ONU detto Covax, per immunizzare a basso costo la popolazione nei Paesi del Terzo Mondo.

Il governo inglese ha messo subito a disposizione decine di milioni di sterline di fondi pubblici e promosso un consorzio con la casa farmaceutica anglo-svedese Astra-Zeneca. L'accordo è stato annunciato a fine aprile 2020, mentre già cominciava la fase di test clinici. Il governo britannico si è riservato in esclusiva il primo lotto di cento milioni di dosi.

Per fortuna non erano ancora in vigore le norme post-Brexit sull'import-export di farmaci e materiale medico-sanitario. Altrimenti avrebbero rallentato il trasporto di componenti dagli stabilimenti del gruppo AstraZeneca in Belgio a quelli in Inghilterra e viceversa. In pochi mesi si è passati dalla sperimentazione alla vaccinazione di massa: il primo uomo al mondo a ricevere l'iniezione, di fronte a microfoni e telecamere, è stato l'inglese William Shakespeare, il quale essendo ottantenne ne aveva pieno diritto. Ma ovviamente fu un colpo di genio per l'immagine della Gran Bretagna: humour inglese allo stato puro, anche il Bardo si sarebbe congratulato con il ministro della Sanità.

Insomma, con i vaccini anche il Regno Unito cominciava a risalire la china. Ci sono voluti comunque altri due lockdown, sempre decisi all'ultimo momento dal premier che non voleva piegarsi alle misure drastiche, inadatte secondo lui a una società liberale e liberista. Famosa la sua battuta in Parlamento sugli inglesi a cui «è difficile imporre restrizioni perché amano troppo la libertà». Il paragone era con l'Italia e con i suoi lockdown rigorosissimi. Fu giustamente rimbrottato dal presidente della Repubblica Sergio Mattarella: «Anche noi italiani amiamo la libertà», gli rispose, «ma abbiamo a cuore pure la serietà». Con questi alti e bassi, nel 2021 è arrivata comunque la svolta sperata. Dopo un terzo lockdown anche oltremanica si è registrato man mano un calo di contagi e si è tornati lentamente alla normalità, nonostante alla fine di quell'anno proprio da qui si sia diffusa una nuova variante. I vaccini ci hanno salvato anche dalla contagiosissima Omicron: non c'è persona che conosca a Londra che a fine 2021 non ne sia stata affetta, ma ormai lo scudo degli anticorpi reggeva.

Dal Covid alla Brexit, ritorno al futuro
Per due anni la tragedia della pandemia aveva dunque fatto passare in secondo piano tutto il resto. Nel frattempo la Brexit aveva compiuto la sua tappa finale. La transizione, conclusa il 31 dicembre 2020, era stata completamente oscurata nel dibattito pubblico. Gli addetti ai lavori, soprattutto quelli che si occupano di logistica e di import-export, hanno lanciato ripetuti allarmi, cercando di mettere in guardia sulle lungaggini e i maggiori costi che sarebbero scattati con le nuove norme. Anche se rimaneva in vigore il principio del libero scambio delle merci, infatti, non si poteva evitare che con il ritorno delle dogane ci fosse molta più burocrazia. Nuovi costi occulti ma reali, che sarebbero man mano emersi. Ancora per tutto il 2021 dunque il Covid ha mascherato i cambiamenti in corso, come un banco di nebbia sulla Manica: attività paralizzate o rallentate, dalla ristorazione alle industrie, scambi commerciali ridotti al minimo. Diffi-

cile districare l'effetto Brexit da quello monumentale del Covid. Una benedizione per il governo di Boris Johnson, che poteva fare spallucce di fronte alle preoccupazioni di chi aveva il suo business nei commerci e nei rapporti con il Continente.

Insomma il Covid è stato l'alibi perfetto per occultare le responsabilità del delitto. Finita la pandemia, è arrivata la guerra in Ucraina, che ha portato i costi dell'energia alle stelle, in un passaggio di testimone da un disastro all'altro. A Downing Street è continuato lo scaricabarile. Di fronte alle difficoltà economiche la narrazione era sempre la stessa: "Brexit non c'entra, tutta colpa del Covid e poi dell'invasione russa". Un mantra ripetuto da Boris Johnson ma anche dai suoi successori, Truss e Sunak.

La pandemia, il grande alibi
Ma è davvero così? Il Covid ha avuto sull'economia e sulla vita britannica lo stesso effetto imposto alle giornate delle persone. È stato un tempo sospeso, senza vita sociale, senza confronto esterno. In apnea, aspettando solo che finisse. In questo vuoto inedito hanno galleggiato anche le attività economiche, cercando di limitare i danni tra locali pubblici chiusi e industrie a mezzo servizio. Il Paese andava al rallentatore, come il resto del mondo. Quando nel 2021 le ruote dei grandi motori produttivi mondiali, Cina in testa, hanno ricominciato a girare si sono viste le conseguenze del blocco – prolungato e a scacchiera – del-

le *supply chains* mondiali, cioè le catene di approvvigionamento delle grandi industrie.

Lo stesso è avvenuto per gli effetti della Brexit sull'economia britannica. Causa Covid le conseguenze sono rimaste come attutite per almeno un anno dopo l'entrata in vigore delle nuove norme. Il governo di Boris Johnson guadagnava così tempo. Poteva costruire con più calma il futuro, cercando alternative commerciali e altri sbocchi per le proprie merci. In effetti l'allora ministra del Commercio estero, Liz Truss, si era messa all'opera per tempo. Nonostante le restrizioni della pandemia aveva viaggiato in lungo e in largo nel 2020 firmando decine di «storici trattati di libero scambio» – come furono definiti – con Paesi di tutti i continenti. Davvero sembrava che il "dividendo Brexit" e la nuova libertà di negoziazione stessero portando risultati.

Purtroppo il pesce più grosso non era per il momento finito nelle reti inglesi. La prospettiva di un accordo commerciale con gli Stati Uniti era il primo obiettivo. Nell'interscambio britannico subito dopo il mercato europeo, che vale il 45/46 per cento del totale in media, si colloca tradizionalmente quello transatlantico, 17 per cento nel 2020. Donald Trump, che nel 2016 era il candidato repubblicano alle Presidenziali, aveva subito applaudito alla Brexit e al risultato del referendum. Un indebolimento dell'Unione Europea era gradito alla sua visione di rapporti internazionali bilaterali, non multilaterali.

Con un tempismo non casuale era addirittura arrivato in Scozia proprio all'alba di venerdì 24 giugno 2016, giorno dell'annuncio del risultato, che celebrò, parlando di vittoria del «sacro diritto all'indipendenza» e dichiarando che il voto britannico era solo l'inizio della rivolta dei popoli contro le "élite globali". Ovviamente sfruttò la copertura mediatica per fare campagna elettorale anche per sé in chiave americana e pochi mesi dopo trionfò nelle Presidenziali, grazie anche a un utilizzo spregiudicato di fake news e social media.

Trump fece grandi promesse per nuovi rapporti transatlantici e ancora nel suo ultimo anno di presidenza festeggiò con un trionfante messaggio Twitter il successo elettorale di Boris Johnson. Dicembre 2019: "Complimenti per questa grande vittoria, ora Gran Bretagna e Stati Uniti saranno liberi di concludere un grandissimo accordo commerciale. Avrà un potenziale molto più grande e redditizio di qualunque accordo si possa fare con l'Unione Europea. Celebriamo Johnson!". Anche se fossero state sincere, poco tempo dopo le sue parole non valevano più nulla. Alla Casa Bianca si sarebbe insediato un nuovo presidente, Joe Biden. Durante la campagna presidenziale 2020 il candidato democratico aveva detto chiaramente che tra Londra e Bruxelles la priorità doveva essere quella di garantire la pace in Irlanda del Nord. "Non possiamo permettere che la stabilità irlandese diventi vittima della Brexit" scrisse in un messaggio Twitter, suscitando una piccata risposta di Downing Street. Biden, radici familiari irlandesi, è sensibilissimo al vasto elettorato americano con le stesse origini. Più volte ha fatto pressioni perché non si rompa l'equilibrio creato dopo l'accordo del Venerdì santo 1998. Insomma, l'aria era cambiata. I negoziati per un accordo di libero scambio tra Washington e Unione Europea si trascinano stancamente dal 2013. Figuriamoci dunque se erano prevedibili progressi bilaterali con Londra. Tutto tace. Di libero scambio con i parenti americani nessuno parla più.

Rimaneva ovviamente il resto del mondo per bilanciare le maggiori difficoltà di commercio con i dirimpettai europei. Così Truss prese la valigia e viaggiando in lungo e in largo siglò trattati su trattati. Col senno di poi, vedendo i pasticci combinati due anni dopo da premier, sarebbe stato meglio prendere con prudenza i suoi proclami da ministra. Truss vantava una settantina di accordi commerciali conclusi in pochi mesi. Si capì ben presto che quasi tutti erano soltanto trattati fotocopia: replicavano cioè quelli già esistenti tra i vari Paesi terzi e l'Unione Europea. Sarebbe stato impossibile, d'altronde, in pochi mesi ridiscutere da zero le condizioni doganali, gli standard dei prodotti e quant'altro. Così il governo britannico chiese a tutti di continuare ad andare avanti come sempre fatto. Contratti fotocopia, appunto. Così si spiega la velocità di accordo con Svizzera, Canada, Norvegia o Israele, per citare Paesi che hanno un significativo interscambio commerciale con il Regno Unito. Gli altri sono assolutamente marginali, dallo Zimbabwe all'Egitto, dalla Moldavia al Marocco.

Caso particolare il Giappone, con cui nel novembre 2020 i due ministri del commercio estero, Truss appunto e Kishida, firmarono un accordo del tutto nuovo, "storico", come ovviamente lo dipinsero i portavoce del governo inglese. Finalmente un vero trattato di libero scambio, presentato quale esempio principe del "dividendo Brexit". Dopo poco tempo, tuttavia, anche questo si è rivelato un fiasco: nel 2021 gli scambi commerciali tra i due Paesi sono scesi del 5 per cento, idem nella prima metà del 2022. Cosa è successo? Mentre prima della Brexit molti gruppi industriali giapponesi usavano la Gran Bretagna come porta d'ingresso per il mercato unico europeo, grazie alla lingua e alla flessibilità delle norme e del sistema produttivo, dopo l'uscita hanno invece trasferito molte produzioni o basi commerciali direttamente sul Continente. Da qui il calo negli scambi con Tokyo.

Covid e Ucraina, la tempesta perfetta

Insomma, per i politici pro Brexit l'unico modo di tamponare l'impatto sull'opinione pubblica era ripetere che Covid e Ucraina avevano la colpa di tutto e così ha fatto il governo Johnson, anche per distrarre dai suoi numerosi incidenti di percorso. Da fine 2021 il premier e qualche ministro sono stati alle prese anche con lo scandalo

Partygate. Foto, email e testimonianze dimostravano che proprio nel cuore del potere politico, negli uffici di Downing Street, si erano violate allegramente le restrizioni dei lockdown imposte a tutto il Paese dallo stesso governo. Le bugie del premier, che ha negato ripetutamente in Parlamento durante i *question time*, hanno peggiorato la sua posizione fino a costringerlo alle dimissioni.

Sulla Brexit la linea comunque non era cambiata: il potenziale deve ancora manifestarsi, ripetevano a Downing Street. Retorica portata avanti da Johnson, poi allo stesso modo da Liz Truss e anche dal più sobrio e prudente Sunak. Nella conferenza stampa finale alla COP27 in Egitto, novembre 2022, a domanda se la Brexit stesse contribuendo al pessimo andamento economico britannico, Rishi Sunak ha risposto con un prevedibile: «No, domina anche da noi il contesto globale… conseguenza del Covid e ovviamente delle azioni di Putin che spingono in alto i prezzi dell'energia».

Eppure queste due emergenze le hanno dovute affrontare tutti i Paesi europei, non solo il Regno Unito. A fine 2022 gli altri ne stavano uscendo, ammaccati economicamente ma meglio dei britannici. Insomma, l'epopea della vittoria sul Covid e della campagna ucraina per Boris Johnson e successori erano un modo facile per passare in second'ordine gli altri problemi. Evitando di nominare il convitato di pietra: l'uscita dal mercato unico europeo.

Un'altra illusione ottica, questa volta usata in modo strumentale.

Esagerato è stato anche ritenere di essere stati campioni solitari nella battaglia contro il virus. «Primi nel mondo» ripeteva con orgoglio il premier. Primi per vaccinazioni e primi a uscire dalle restrizioni Covid. Ma anche primi in Europa a raggiungere i centomila morti e a toccare il tragico traguardo complessivo di oltre duecentomila. Il successo della campagna vaccinale, con voci di dissenso no-vax solo marginali, non può far dimenticare le titubanze iniziali, l'abbandono a se stessi degli anziani nelle residenze, i lucrosi affari legati alle forniture d'emergenza di materiale protettivo per il personale sanitario. O le contraddizioni clamorose sempre dovute alla sottovalutazione delle ondate successive del virus.

Non c'è stato soltanto il dietrofront nei controlli sui passeggeri in arrivo dall'estero. Incredibilmente, già nell'estate del 2020, convinti che la pandemia fosse ormai circoscritta, sono stati offerti sconti e incentivi per chi andava al ristorante, con il programma "Eat out to help out", mangiare fuori casa per aiutare il settore ristorazione, in grave difficoltà. Erano passati pochi mesi dallo scoppio della pandemia in Europa: mentre in Italia e negli altri Paesi continentali in attesa dei vaccini si viveva blindati tra mille restrizioni, milioni di inglesi si avventurarono allegramente fuori casa, approfittando dell'offerta "due pasti per uno". Piano costato 850 milioni di sterline al contribuente e chissà quanti contagi del virus. Poche settimane dopo scattava anche oltremanica un nuovo lockdown. La pandemia era tutt'altro che conclusa.

Sempre di camuffamento della realtà si è trattato quando Johnson si è autoproclamato comandante in capo nella guerra a fianco dell'Ucraina. Dopo le emozioni vissute con il Covid, compresa la paura per la sua stessa vita, ecco arrivare per lui il "momento Churchill". Un conflitto vero, devastante, crudele e improvviso esploso nel febbraio 2022. Una occasione d'oro per esaltare l'orgoglio patriottico e personale. Amante della storia e scrittore brillante, Johnson vive nel culto del vincitore morale della Seconda guerra mondiale. Una dozzina d'anni fa gli ha dedicato una biografia: *Il fattore Churchill, come un solo uomo ha fatto la storia.* Dopo qualche decina di pagine al lettore viene il dubbio che descriva piuttosto se stesso. Ne esce infatti il ritratto di un genio stravagante, dal carattere brusco e dal comportamento fuori le righe. All'inizio della tragedia in Ucraina, a Johnson non è parso dunque vero di poter ripercorrere la strada del suo eroe. Usando le parole di Churchill, Johnson ha definito quei giorni come «*the finest hour*», l'ora migliore per la popolazione ucraina sotto attacco. «Un capitolo epico nella vostra storia nazionale, che verrà ricordato e celebrato per generazioni»: il premier britannico parlava dal suo ufficio a Downing Street, collegato via Internet con il Parlamento di Kiev. Probabilmente i deputati ucraini, con le loro famiglie sotto le bombe, si sarebbero volentieri risparmiati questo momento così eroico.

Va riconosciuto a Johnson di essere stato attivissimo anche concretamente per la resistenza contro i russi. Nel discorso annunciava anche un pacchetto di aiuti militari da trecento milioni di sterline. Il presidente Zelensky e tutta l'assemblea lo hanno ringraziato calorosamente.

Johnson, miseria e nobiltà

È sempre difficile dire con certezza cosa animi l'ex premier britannico. Sicuramente nell'impegno contro la Russia c'era un genuino slancio ideale, a difesa del Paese aggredito. Altrettanto ha contato l'interesse economico. Nella Nato l'apparato militare britannico è secondo solo a quello degli Stati Uniti. Il Regno Unito è tra i pochi Paesi membri dell'Alleanza a superare la soglia del 2 per cento del PIL destinato alla spesa per armamenti. Già prima della crisi in Ucraina era il quarto al mondo per investimenti in difesa e sicurezza, dopo i colossi Stati Uniti, Cina e India. Il governo Truss aveva annunciato il raddoppio del budget, 100 miliardi di sterline l'anno entro il 2030. Con Sunak si sta tornando a più miti consigli ma le forniture di armi a Kiev rimangono anche un business enorme.

Johnson poi aveva un motivo in più per indossare i panni del comandante. Proprio nella primavera 2022, in contemporanea con le prime settimane di guerra, il Partygate stava diventando sempre più imbarazzante. Lui e molti altri dirigenti erano stati fotografati durante i lockdown, in gruppo, con i bicchieri in mano a Downing Street. Identificati e interrogati per iscritto, alla fine in 126 sono stati colpiti da sanzioni comminate da Scotland Yard sulla base della legge. Multe con importi irrisori, 50 sterline, circa 55 euro. Johnson non se la cavò però pagando la ridicola cifra. Il danno era soprattutto politico poiché aveva ripetutamente negato in Parlamento che ci fossero state violazioni o che lui ne fosse a conoscenza. Mentire ai colleghi deputati era una questione molto più seria. Così la fronda nel partito ha acquistato forza. Le dimissioni di mezzo governo ai primi di luglio lo hanno costretto a lasciare Downing Street, nonostante proclamasse di essere in prima linea nella sanguinosa guerra europea del nuovo millennio. L'illusione ottica del novello Churchill non ha funzionato. Nessuno è indispensabile. Dopo di lui la politica britannica a favore di Kiev ovviamente non è cambiata di un millimetro. Né con Truss, che era stata la sua ministra degli Esteri, né con Sunak, seppure meno interessato al fronte internazionale.

Anche senza Johnson l'esercito britannico sarebbe stato pronto a fornire immediatamente assistenza a quello ucraino. Fin dal 2015 infatti i due Paesi erano legati da un accordo di cooperazione militare. Dopo l'annessione russa della Crimea il governo di David Cameron concordò con l'allora presidente ucraino Porošenko la cosiddetta operazione Orbital, nome in codice di un programma che negli anni aveva già permesso di addestrare ventiduemila soldati ucraini, sia in patria, sia nelle basi inglesi. Un aiuto che si intensificò quando i segnali di un attacco di Mosca furono evidenti. Migliaia di missili anticarro inglesi fecero la differenza per bloccare le colonne di carri armati russi diretti verso la capitale, nelle prime settimane del conflitto. Porošenko ha riconosciuto che «la capacità di fermare Putin e il suo esercito è stata degli ucraini ma senza l'aiuto britannico non sarebbe stato possibile». Il suo successore Zelensky ha ringraziato più volte calorosamente nello stesso modo. Boris Johnson ha dunque aggiunto il suo cipiglio da comandante in capo, ma la storia degli aiuti britannici a Kiev è ben più complessa e di lunga durata.

Dalla Brexit finalmente realizzata alla vittoria sulla pandemia, dal Partygate al fronte ucraino. Della parabola di Johnson a Downing Street rimane lo stupefacente contrasto tra i sogni di leadership internazionale e le miserie di tanti piccoli incidenti politici, umani, familiari, coperti a lungo da bugie e mezze verità.

Capitolo 3

Il regno disunito

La Brexit rischia di assestare un colpo molto serio alla stessa tenuta del Regno Unito, strano mosaico di Stato formato da quattro nazioni, riunite sotto la stessa bandiera in momenti successivi della sua storia. L'Inghilterra è sempre stata la potenza dominante. Il principato del Galles fu annesso già a metà Cinquecento: troppo forti i re inglesi per farsi sfuggire militarmente la regione occidentale dell'isola. Gli scozzesi invece non subirono mai una occupazione, furono piuttosto i due Parlamenti, inglese e scozzese, a firmare nel 1707 un Atto di Unione. Veniva così sancito quanto a livello dinastico della monarchia era avvenuto un secolo prima: nel 1603, infatti, Giacomo VI di Scozia aveva ereditato il trono d'Inghilterra dalla cugina Elisabetta I, che non aveva lasciato eredi.

L'Irlanda del Nord infine ha sempre fatto storia a sé. L'intera isola irlandese era sotto la dominazione inglese fin dal Medioevo e infine nel 1801 l'Irlanda fu annessa alla Gran Bretagna. Le spinte per l'indipendenza non furono però mai stroncate e riesplosero dopo la Prima guerra mondiale in un conflitto aperto di quasi tre anni, che costrinse Londra a riconoscere lo Stato Libero d'Irlanda, nato nel 1922. Ne faceva parte tutta l'isola tranne sei delle nove contee del Nord, che rimasero nel Regno di Gran Bretagna in attesa di una successiva definizione della loro posizione. Nella storia, tuttavia, meglio non lasciare questioni aperte, poiché rischiano di trascinarsi per secoli. Ed ecco che il contenzioso sull'Irlanda del Nord è arrivato fino a noi, con strascichi sanguinosi.

Indipendentisti in kilt

Anche gli scozzesi si sono sempre considerati un altro popolo, un po' riottosi soprattutto se si sentono traditi o presi in giro. Proprio come quando si sono ritrovati fuori dall'Unione Europea, appena due anni dopo avere rinunciato all'indipendenza da Londra. A raccontarla col senno di poi sembra quasi una barzelletta.

Due anni prima del referendum Brexit si era tenuto infatti l'IndyRef scozzese, il cui quesito era: "Dovrebbe la Scozia essere un Paese indipendente?". Era la metà di settembre 2014 e il clima era ancora mite: in giro, almeno a Edimburgo e Glasgow, sembrava che tutti fossero a favore. Trionfavano le bandiere blu con la croce di Sant'Andrea, affiancate spesso a quelle gialle con il leone, simbolo della corona scozzese. Gazebo e chioschi dello Scottish National Party erano disseminati un po' ovunque. Volontari e attivisti distribuivano volantini sulle "magnifiche sorti e progressive" che attendevano il fiero popolo del Nord, se soltanto avesse avuto il coraggio di separarsi finalmente da Londra. Immagini folcloristiche per la gioia del nostro cameraman, che non si perdeva un kilt, uno striscione, un manifestante in costume tradizionale. George Square, la piazza principale di Glasgow, era allegra e affollata di highlanders orgogliosi e mamme con carrozzine.

Chi alza di più la voce finisce su giornali e tv, si sa, ma a volte perde le battaglie vere. In quelle giornate di campagna referendaria, in cui il cielo settentrionale era dello stesso azzurro cupo del suo mare, restava a casa la vera maggioranza silenziosa. Facendo due conti, da bravi scozzesi, i più avevano capito che il gioco non valeva la candela: nemmeno gli introiti del petrolio del Mare del Nord avrebbero garantito un futuro autonomo, mentre se fosse rimasta all'interno del Regno Unito, la nazione scozzese sarebbe stata largamente sovvenzionata dallo Stato centrale. Uno dei motivi che convinsero la maggioranza – 55,3 contro 44,7 – a votare no era proprio la comune partecipazione all'Unione Europea. Una Scozia indipendente avrebbe dovuto avviare da zero il processo di adesione e subire la prevedibile opposizione inglese. In ogni caso per anni sarebbe stata fuori dal mercato unico europeo. Così il "fattore Europa" fu uno dei motivi determinanti per bocciare la scelta indipendentista che pure era caldeggiata dal governo locale, saldamente in mano allo Scottish National Party.

Nel giro di pochissimo, tuttavia, i 5 milioni di scozzesi si sono ritrovati comunque fuori dall'Unione Europea. Per scelta dei 56 milioni di inglesi e contro la propria volontà. In Scozia infatti nel 2016 il *Remain* ha vinto con il 62 per cento, ottenendo la maggioranza in tutte e 32 le circoscrizioni del Nord. Gli scozzesi, insomma, volevano restare europei, per cui all'annuncio del risultato nazionale si sono sentiti un po' traditi e un po' beffati. Inevitabilmente lo Scottish National Party ha rispolverato subito la domanda di indipendenza dal Regno Unito: grazie a Brexit, i secessionisti hanno avuto buon gioco a dipingere gli scozzesi come vittime e parte lesa. Così l'ascia di guerra è stata prontamente disseppellita, non appena l'emergenza Covid ha lasciato spazio ad altri temi.

Già nel gennaio 2022 la leader nazionalista scozzese, Nicola Sturgeon, premier del governo locale di Edimburgo, ha riproposto i negoziati per arrivare a un nuovo referendum. Da Boris Johnson risposta scontata: non se ne parla nemmeno. Quella del 2014 era stata una occasione che capita una volta per generazione: «Once in a generation vote» ha detto proprio così il governo di Londra. Sturgeon ha replicato denunciando il «vilipendio della democrazia». Il suo partito, d'altronde, dispone di quasi la maggioranza assoluta nel Parlamento scozzese, ripristinato nel 1998 nel quadro della Devolution concessa da Tony Blair proprio per placare le spinte centrifughe, e dotato di ampia autonomia, da quella dell'educazione a quella fiscale.

L'uscita dall'Unione Europea, tuttavia, ha riaperto la questione. La battaglia per un nuovo referendum è dunque solo cominciata. Anche per motivi di bandiera, visto che la ricerca dell'indipendenza è l'elemento costitutivo del partito nazionalista locale. Nel giugno 2022 Sturgeon ha tentato la via legale, incaricando l'Avvocatura dello Stato di verificare se la materia referendaria rientra nelle competenze del Parlamento scozzese di Holyrood. Ricorso dunque alla Corte suprema di Londra e risposta prevedibile: no. In effetti già nel 2014 era stato giuridicamente chiarito che il referendum doveva essere autorizzato dal potere centrale, il quale lo aveva concesso in deroga temporanea alle attribuzioni del Parlamento di Westminster. La Corte Suprema non ha avuto così dubbi nel dichiarare illegale un referendum indetto autonomamente da Edimburgo. Il presidente Lord Reed ha anche rigettato, con una vena di ironia, la richiesta scozzese di basarsi sul principio generale di autodeterminazione, rispondendo che esso vale solo per i popoli oppressi o colonizzati. Non proprio il caso della Scozia, unita da oltre tre secoli a Inghilterra e Galles, un'unione in un certo senso democraticamente confermata proprio dal referendum del 2014.

Sturgeon non ha potuto fare altro che abbozzare, di fronte a una sentenza largamente prevista: non voleva certo trasformare la Scozia in una nuova Catalogna, né tantomeno fare la fine di Puigdemont e degli altri ministri catalani, colpiti da mandato d'arresto nel 2017 per avere dichiarato in maniera unilaterale l'indipendenza. Questo fallimento è stato comunque uno dei motivi che hanno portato la premier locale alle dimissioni, rassegnate a metà febbraio 2023. Nel suo discorso di commiato ha motivato l'addio soprattutto con ragioni personali e si è detta sicura che il partito e gli scozzesi continueranno la battaglia per l'indipendenza.

Chiusa la strada giuridica, rimane il problema politico. Se una parte importante del Regno, con il suo forte spirito di identità nazionale, chiede una nuova consultazione, come sarà possibile opporsi e basta? La politica trova soluzioni se offre prospettive, non solo veti. La sfida è solo rimandata, nuovo round alle prossime elezioni generali. «Saranno de facto un referendum sull'indipendenza» dicono i vertici dello Scottish National Party. Un plebiscito darebbe al nuovo leader il mandato politico per tornare alla carica, ma su tempi lunghi e con un esito incerto.

Non è infatti detto che gli scozzesi siano convinti di scegliere la strada della secessione, come non lo sono stati in passato. In ogni caso rimane il punto chiave: la questione è stata riaperta proprio dalla Brexit. La fantasia indipendentista di Londra verso Bruxelles ha scatenato la realtà secessionista della Scozia verso il Regno Unito.

Unionisti e repubblicani: l'Irlanda del Nord

«C'è un posto speciale all'inferno per chi ha voluto la Brexit senza avere un piano per realizzarla». Quando nel febbraio 2019 l'allora presidente del Consiglio Europeo Donald Tusk sbottò in questo modo si riferiva soprattutto alla questione nordirlandese. Non a caso stava incontrando a Dublino Leo Varadkar. Il premier irlandese gli aveva appena ripetuto che Brexit aveva riaperto il vaso di Pandora del confine tra le due Irlande, un nodo che bloccava l'intero negoziato. Piccolo particolare: era chiaro a tutti come il problema fosse pressoché irrisolvibile. Da qui lo scatto d'ira del politico polacco passato alle istituzioni europee.

Storia curiosa: il Protocollo nordirlandese formalmente è inserito nei trattati firmati nel gennaio 2020 per l'uscita del Regno Unito dall'Unione. Boris Johnson, premier britannico, Ursula von der Leyen, presidente della Commissione Europea e Charles Michel, presidente del Consiglio Europeo hanno siglato l'intesa, in gran parte simile a quella concordata mesi prima da Theresa May. Finora però da parte britannica il Protocollo allegato, specifico per l'Irlanda del Nord, è rimasto lettera morta. Sorge anzi il sospetto che Johnson già sapesse che non sarebbe stato rispettato e che le sue sessantatré pagine si sarebbero rivelate carta straccia. La pietra tombale all'accordo è stata posta nel luglio 2022, quando il premier britannico, ormai uscente, ha proclamato che era diventato «un problema politico». Peccato lo sia sempre stato, come sapevano tutti. Johnson si è dimesso poco dopo, lasciando la patata bollente ai successori. Se Liz Truss non ha avuto nemmeno il tempo di aprire questo dossier, Rishi Sunak si è trovato questa eredità scomoda e ha dovuto subire riaprire le trattative con Bruxelles.

La questione è storicamente complessa. L'Irlanda del Nord è la quarta nazione del Regno. Geograficamente fa parte dell'isola irlandese, ma politicamente le sei contee del Nord, ex Ulster, dipendono da Londra, non da Dublino, una divisione, come abbiamo già visto, frutto di battaglie antiche, cominciate nelle guerre di religione del Seicento e continuate fino all'indipendenza della repubblica d'Irlanda. La popolazione stessa è divisa: da una parte gli unionisti protestanti che si sentivano e si sentono orgogliosamente britannici, dall'altra i repubblicani cattolici che miravano e mirano alla riunificazione dell'isola sotto il governo di Dublino.

La Rai papista

Il mio primo impatto con la mentalità locale, un quarto di secolo fa, fu illuminante. Mi bastò la battuta di un uomo che tra la folla ci guardava incuriosito. Eravamo a Portadown, roccaforte protestante fin dai tempi delle guerre di religione. Ogni anno gli unionisti celebravano e tuttora celebrano la vittoria della Boyne, il fiume dove le truppe di Guglielmo d'Orange sconfissero quelle del re "papista" Giacomo II Stuart. Vicende di fine Seicento, che tuttavia infiammano ancora gli animi.

Come ogni anno, anche nel 1998 erano previsti scontri

tra le due comunità. Per arrivare alla chiesa di Dumcree, meta della marcia, l'Ordine orangista locale insisteva infatti nel percorrere il quartiere a maggioranza cattolica di Garvaghy Road, una prova di forza che si ripeteva a ogni anniversario e costituiva una vera e propria provocazione per la comunità nazionalista repubblicana. La parata diventava così occasione di scontri verbali e fisici, lancio di pietre, auto incendiate. Centinaia di poliziotti in assetto antisommossa cercavano di arginare i due gruppi, arrestando gli esagitati e bastonando chi protestava.

Con il cameraman e il tecnico audio aspettavo dunque il corteo all'imbocco dell'area bloccata da agenti e reparti militari. Arrivarono le avanguardie della marcia, che sfilavano con i gagliardetti e le bandiere: Union Jack britannica e vessilli dell'orgoglio locale, la croce rossa su campo giallo o bianco, la corona della monarchia inglese, la mano rossa aperta, simbolo di guerra fin dai tempi dei clan gaelici. I toni erano apertamente aggressivi e sugli striscioni campeggiavano il numero della Loggia orangista e la località di provenienza. Un trionfo di massoneria e potere. Ero incredulo. Pensavo che le guerre di religione fossero finite da secoli in Europa e che la caduta del Muro di Berlino avesse segnato la fine delle divisioni fratricide. Invece in quell'angolo di continente si combatteva ancora tra persone che parlano la stessa lingua e convivono nella stessa piccola isola.

La marcia proseguiva verso il quartiere nemico. Due ali

di folla applaudivano ai lati della strada. Cielo di piombo, ogni tanto uno scroscio di pioggia. Era metà luglio, ma occorreva la giacca a vento.

Un uomo, in mezzo a un gruppo di persone, ci guardava. Mi sembrava anziano, ma forse ero io molto giovane. Un po' chiacchierava con il resto dei suoi amici, un po' ci osservava. Si spostò verso di noi e con un accento a me quasi incomprensibile mi chiese per chi lavoravamo. «Per la televisione italiana» risposi tranquillo. La sua replica mi fulminò: «Allora lavori per il papa». Italia, Roma, Vaticano, pontefice cattolico. Nella mentalità di quell'uomo e di quella gente accorsa per la marcia orangista il cortocircuito era d'obbligo. Dissi qualche parola per difendere il nostro lavoro, visto che la Rai non appartiene allo Stato del Vaticano. Se ne andò indifferente, convinto di avere ragione. Nel mondo in bianco e nero dell'Irlanda del Nord di allora se non eri amico dovevi per forza essere nemico.

La marcia di Portadown quell'anno si concluse con le consuete scaramucce ma senza incidenti troppo gravi. Il mio battesimo nordirlandese era compiuto. Sarei tornato molte volte, non solo per eventi politici ma anche per coprire sanguinosi attentati.

Sunday bloody Sunday
Negli anni Cinquanta le storiche divisioni tra le due comunità si erano aggravate con conflitti che di religioso

avevano ormai ben poco. Ad alimentare le tensioni erano le discriminazioni concrete sofferte dai nazionalisti repubblicani cattolici, di fatto cittadini di serie B. La società nordirlandese era divisa per compartimenti stagni, che riproducevano il potere britannico, dando preferenza ai "fedeli e leali" sudditi del Regno, i lealisti protestanti, appunto, privilegiati nell'assegnazione dei posti pubblici, degli alloggi popolari, nella rappresentanza politica. La polizia locale, la Royal Ulster Constabulary, era formata quasi esclusivamente da lealisti. I militari mandati da Londra e gli agenti dei servizi segreti britannici simpatizzavano apertamente per chi era considerato un alleato. Era un regime di fatto segregazionista: i cattolici lo subirono per decenni dopo la partizione del 1922, ma nel secondo dopoguerra le discriminazioni erano diventate insopportabili. L'esempio della lotta contro la segregazione razziale negli Stati Uniti con Martin Luther King e in Sudafrica con Nelson Mandela ispirò le battaglie dei cattolici nordirlandesi fin dai primi anni Sessanta. Il ministro per l'Irlanda del Nord, il visconte Brookeborough, era un uomo fuori dal tempo. Il suo successore, Terence O'Neill, nominato nel 1963, capì che occorrevano delle riforme in grado di disinnescare quella polveriera e così offrì gesti di riconciliazione, anche verso la Repubblica di Dublino. Fu attaccato sia dagli oltranzisti protestanti sia dai cattolici: troppo per gli uni, troppo poco per gli altri, che chiedevano riforme concrete.

La crisi economica di fine decennio incendiò ulteriormente gli animi. I cattolici erano meno del 40 per cento della popolazione, ma il 60 per cento tra i disoccupati. I movimenti per i diritti civili, raggruppati dal NICRA (Northern Ireland Civil Rights Movement), furono scavalcati dalle organizzazioni paramilitari su entrambi i fronti. Cominciò la lotta armata. Gli anni Settanta e soprattutto Ottanta del secolo scorso furono terribili, tanto che Londra dovette mobilitare l'esercito e le forze speciali. Omicidi, attentati, migliaia di morti. Brutalità ricordate in film come *Outsider*, *Nel nome del padre*, *Bloody Sunday* e più recentemente *1971* e *Belfast*, di Kenneth Branagh. Una famosa canzone degli U2, *Sunday Bloody Sunday* racconta proprio uno degli episodi più sanguinosi. "I can't believe the news today. Oh, I can't close my eyes and make it go away". Non posso credere alle notizie di oggi. Non posso chiudere gli occhi e cancellarle: erano le notizie tragiche del gennaio 1972, quando a Derry, la seconda città dell'isola, la polizia sparò sulla folla di dimostranti. Ci furono tredici vittime. Bono e gli U2 scrissero la canzone una decina di anni dopo e la inserirono nell'album intitolato *War*. Fu in effetti una vera guerra civile, tenuta a bassa intensità solo dalla massiccia presenza militare britannica.

Ci furono attentati anche in Inghilterra, come quello sanguinoso al congresso dei conservatori a Brighton nel 1984: cinque morti, Thatcher sfuggì solo per caso. Poi quello clamoroso contro Downing Street mentre il gover-

no, guidato da John Major era riunito, nel febbraio 1991.
Colpi di mortaio con cui l'IRA, Esercito Repubblicano
Irlandese, dimostrò la capacità di agire anche fuori dall'Irlanda del Nord, nel cuore del potere politico britannico.
Solo dopo quell'episodio la stradina che ospita la casa del
primo ministro inglese fu chiusa ai passanti e oggi è pro-
tetta più di una base militare, con metal detector, barriere
semoventi sulla carreggiata, poliziotti armati di mitra, telecamere ovunque.

Tre deputati conservatori furono assassinati a colpi di
pistola per strada in Inghilterra. Un membro della famiglia reale, Lord Mountbatten, ultimo viceré delle Indie, fu
ucciso in un attentato bomba in Irlanda. Il suo figlioccio
principe Carlo rimase segnato per sempre da quella morte
violenta. La guerriglia nell'Irlanda del Nord è stata la spi-
na nel fianco di Londra per decenni, più a lungo persino di
quanto sia stata per Parigi quella in Algeria durante la fase
di decolonizzazione. Gli errori dei britannici furono simili
a quelli dei francesi e sostanzialmente possono riassumersi
nel fallimento nel gestire le tensioni, nella promulgazione
di leggi speciali che consentivano arresti e abusi senza processo, nel tentativo di reprimere con la forza la richiesta di
tutelare i diritti di una comunità locale.

Segnali di pace
Eppure proprio mentre si consumavano le azioni più
feroci lo scenario cominciava a cambiare. L'ingresso in

contemporanea di Irlanda e Regno Unito nell'allora Comunità Economica Europea (1973) creava un nuovo terreno di dialogo tra Londra e Dublino, anche se ci volle comunque un quarto di secolo per arrivare all'accordo di pace del Venerdì santo 1998. Già nel 1985 però fu firmato un accordo che riconosceva alla Repubblica d'Irlanda un ruolo formale di interlocutore e negoziatore sulle vicende delle contee britanniche del Nord. Margaret Thatcher era fieramente contraria, ma con altri premier e il viatico di Bruxelles si crearono le condizioni per una prima intesa.

Un decennio dopo si arrivò a un cessate il fuoco riconosciuto da tutte le fazioni, nel 1994. Funzionò a singhiozzo, mentre il governo inglese accettava negoziati anche con il braccio politico dell'IRA, lo Sinn Fein, di cui fu presidente per venticinque anni Jerry Adams, figura storica e carismatica, con i suoi occhiali da intellettuale e la barba che man mano imbiancava. Quando lo intervistai a Belfast, in un periodo di grandi speranze, fu gentile, disponibile, anche se l'avevamo intercettato per strada, casualmente. Feci fatica a capire il suo forte accento irlandese, le consonanti gutturali, la voce profonda. Un uomo con una missione, riunificare l'Irlanda. Almeno contribuì a pacificarla.

Nelle travagliate contee del Nord la fine delle ostilità arrivò lentamente. Ci furono ancora attentati. Gli irriducibili di entrambi i fronti non cedettero facilmente le armi. Fu offerta una amnistia, ma era difficile per i gruppi paramilitari uscire dalla clandestinità e decenni di atti sanguinari e di segreti omertosi non si potevano chiudere con la firma di un documento. Gli arsenali finirono in mano a gang criminali che si arricchivano con traffico di droga, contrabbando, prostituzione: stesse persone, stessi patti di sangue, non più per la bandiera però, ma solo per i soldi.

Orrore fuori tempo massimo
Fui testimone dell'ultimo terribile attentato, quello di Omagh, contea di Tyrone, ventinove morti, trecento feriti in un ferragosto di shopping, pochi mesi dopo la firma dell'accordo di Belfast.

Arrivammo da Londra ormai a notte fonda. L'unico volo disponibile era su Dublino, poi la corsa verso Omagh, al Nord, 180 chilometri di strade locali non a caso maltenute. La frontiera tra le due Irlande sembrava ancora una cortina di ferro, poiché negli anni dei *Troubles* si era cercato di rendere difficili i collegamenti stradali tra Sud e Nord.

La piazza dove era esplosa l'autobomba era chiusa dai controlli di polizia. Buio pesto, atmosfera spettrale. Solo qualche abitante si aggirava nelle strade adiacenti. Le uniche luci erano quelle dei fari per le dirette televisive dei canali britannici, sul posto da ore. Raccogliemmo un paio di testimonianze tra i passanti notturni. Fantasmi che non riuscivano a dormire, camminavano senza meta lì intorno. Pronunciarono parole indignate, disgustate, erano sorpresi dall'efferatezza dell'attacco.

In realtà gli attentatori, identificati e condannati in seguito come affiliati alla Real IRA, gruppuscolo ribelle contrario al processo di pace, avevano chiamato la locale stazione di polizia per preavvertire dell'ordigno, prassi molto diffusa negli anni di piombo. Il messaggio era in codice e non si capirono con il centralinista, per cui gli agenti evacuarono la zona sbagliata, ammassando la gente proprio vicino all'autobomba. Omagh era piena di gente arrivata dalla campagna per le compere di fine settimana. Una strage.

Il giorno dopo cercai qualche familiare, parente delle vittime. In tanti ci mandarono legittimamente a quel paese. Stavo per desistere, quando al telefono la producer ebbe il via libera da un padre che aveva accettato di incontrarci. Ci aprì la porta di una modesta casetta a schiera un uomo sulla cinquantina, già bianco di capelli, un golfino stazzonato, e ci invitò a sedere in salotto. Michael Gallagher aveva perso suo figlio, Aiden, ventun anni. Lo aveva salutato a casa, il ragazzo andava a comprare un paio di jeans. Faceva il meccanico, voleva emigrare a Boston, dove viveva un ramo della famiglia. Michael mi parlò con tono mite, arreso. Il forte accento irlandese era ben comprensibile, mentre scandiva parole che non volevano essere di odio. Sembrava piuttosto rassegnato al suo dolore infinito e sorretto da una fede profonda.

Nel salutarlo sentii il senso di colpa di noi giornalisti, che andiamo di fretta anche nelle situazioni più delicate e umanamente devastanti. Occorreva montare l'intervista, farla doppiare a Roma, erano tempi da collegamenti via satellite, avevamo appena dieci minuti sul circuito dell'Eurovisione per inviare il servizio. Ci congedammo velocemente da quell'uomo buono e dall'atmosfera tragica della sua abitazione. Seppi in seguito che Michael Gallagher era diventato il promotore del Gruppo di sostegno e aiuto alle famiglie delle vittime, ovviamente senza differenza tra cattoliche o protestanti. Ancora dopo un quarto di secolo combatte perché si faccia luce sul ruolo dei servizi segreti inglesi. Secondo alcune testimonianze agenti infiltrati avevano avuto una soffiata sull'imminente attacco ma non avevano passato l'informazione. La sua battaglia di padre e cittadino ha raggiunto un risultato importante: nel febbraio 2023 il ministro britannico per il Nord Irlanda, Heaton-Harris, ha annunciato l'avvio di una inchiesta indipendente per accertare se l'attentato poteva essere sventato. Troppo profondo ancora il dolore causato da quella strage per lasciare anche solo sospetti non chiariti.

Oltre ad Aiden Gallagher morirono altre ventotto persone, tra cui due turisti spagnoli finiti per caso nel posto sbagliato al momento sbagliato. Fu il singolo attentato più sanguinoso di tutta la guerra civile nordirlandese. Ancora più doloroso perché avvenuto quando ormai era stata sancita la pace, visto che appena quattro mesi prima era stato raggiunto l'accordo del Venerdì santo 1998, sottoscritto da tutti i partiti locali e dai governi di Dublino e Londra. Il ministro britannico per l'Ulster era Peter Mandelson, il premier Tony Blair, quello irlandese Albert Reynolds. C'era anche un "padrino" d'eccezione: il presidente americano Clinton. Come per Joe Biden vent'anni dopo, anche per lui il voto degli irlandesi d'America era fondamentale. Da allora è cominciato un ventennio di pacificazione, che ha favorito gli investimenti e la ripresa economica dell'area. Nel governo locale è stato instaurato un delicato meccanismo di *power sharing*, cioè di equilibrata rappresentanza delle varie componenti della popolazione. Se mancano gli unionisti o i repubblicani non si può aprire la legislatura in Parlamento né formare il governo locale. Tutti devono essere attivamente presenti. Negli accordi di pace si guardava anche al futuro, prevedendo un referendum sull'unificazione con la Repubblica di Dublino in caso di cambiamenti nel quadro demografico, se e quando cioè i cattolici repubblicani fossero diventati maggioranza. Sarebbe quindi giuridicamente possibile quello che finora è stato impensabile: la rinuncia del Regno Unito alla sua "nazione" nordirlandese.

Detonatore Brexit

Un meccanismo messo in moto ora proprio dalla Brexit. L'uscita dall'Unione Europea si sta rivelando anche in questo caso, infatti, un detonatore per le tensioni locali. Sono tornate in campo le forze che spingono per uscire dal Regno. Lo Sinn Fein è in crescita in entrambe le parti del Paese, governa a Dublino ed è primo partito anche in Irlanda del Nord, un risultato storico raggiunto nelle elezioni del maggio 2022. Gli unionisti, finiti in minoranza, si rifiutano di partecipare agli organismi condivisi: niente governo locale, Parlamento di Stormont paralizzato, vogliono prima ridiscutere il famoso protocollo firmato da Johnson con Bruxelles. Sono loro qui a sentirsi traditi e presi in giro, come molti in questa avventura di Brexit. «La nostra gente è di nuovo arrabbiata» dice il deputato DUP Ian Paisley Jr., con un tono un po' mesto un po' minaccioso. Torneranno le azioni violente? «Speriamo di no», mi ha risposto in una intervista, «ma il clima non è più pacifico». Detto dal figlio di uno dei predicatori più radicali ed estremisti degli anni di piombo dell'Ulster c'è davvero da preoccuparsi.

L'architetto dell'accordo di pace, Lord Mandelson, in un colloquio con la Rai, mi disse che nel 1998 era stato raggiunto un equilibrio da acrobati. «La pace è stata costruita su un doppio binario. Il riconoscimento politico della volontà della maggioranza dei nordirlandesi di rimanere legati al Regno Unito da una parte e l'incoraggiamento a una gestione comune dell'economia dell'isola, senza barriere né differenze tra nord e sud dall'altra. Se si comincia a modificare questo equilibrio si rischia di metterne in crisi tutto l'impianto» temeva. L'uscita del Regno Unito dal mercato unico ha fatto proprio questo.

Il compromesso si reggeva sulla comune appartenenza all'Unione Europea. La libera circolazione di persone, merci e capitali forniva il quadro normativo per rimuovere antichi ostacoli. Furono smantellate le garitte e le torri al confine tra Repubblica e Irlanda del Nord, abbattuti i check-point armati, quei posti di controllo che i militari britannici spesso raggiungevano in elicottero perché le strade erano troppo pericolose. La frontiera era rimasta solo una linea sulle carte geografiche. Per gli abitanti l'unica differenza tra abitare al Nord o al Sud erano ormai i cartelli stradali, in miglia o in chilometri, e la valuta, sterline o euro. Il resto era irrilevante, essere britannici o irlandesi non comportava più alcuna differenza concreta. L'integrazione dell'economia dell'intera isola procedeva nel reciproco interesse.

L'uscita post-Brexit dal mercato europeo ha riproposto dunque il problema dei controlli doganali e quindi dei confini. Comma 22: se non si vuole tornare all'*hard border*, la frontiera sorvegliata, come si può garantire che nel mercato unico europeo non entrino merci in violazione degli standard comunitari? Può essere l'Irlanda del Nord la porta d'ingresso di prodotti di ogni tipo, dalle cineserie più scadenti fino ai polli americani disinfettati con il cloro? Stesso rischio – almeno teorico – si corre con i capitali finanziari e con gli immigrati clandestini. D'altra parte se si torna a un confine sorvegliato crolla il castello dell'accordo di pace: Dublino diventa più distante, Londra più vicina, per la rabbia dei repubblicani e la gioia degli unionisti.

Per salvare capra e cavoli il Protocollo firmato da Johnson con Bruxelles spostava i controlli sul mare d'Irlanda, lasciando di fatto l'Irlanda del Nord nel mercato unico europeo. Si era creata così l'inedita situazione di dogane tra due parti dello stesso Paese, il Regno Unito: una cassa di mele dal Somerset a Belfast dovrebbe passare la dogana. In questo caso a strillare sono stati gli unionisti, che hanno denunciato la violazione dell'unità e della sovranità nazionale. Per questo si rifiutano di tornare al governo con lo Sinn Fein, paralizzando gli organismi condivisi dell'autonomia locale.

Comma 22. Johnson ha firmato il compromesso, ma pochi mesi dopo il suo governo lo ha denunciato come impraticabile, chiedendo all'Unione Europea di cambiarlo. Innumerevoli volte in Parlamento, nelle visite in Irlanda del Nord e in mille interviste, l'ex premier aveva giurato e spergiurato che non ci sarebbero stati controlli sulle merci tra Gran Bretagna e l'Irlanda del Nord. «Dovranno passare prima sul mio cadavere» aveva detto, tranquillizzando gli unionisti DUP. La prospettiva di una Brexit che non comprometteste la pace si è però rivelata assai illusoria.

Capitolo 4

Ritorno alla realtà

I barbari alle porte
Scozia e Irlanda del Nord dunque mostrano come la Brexit abbia riaperto ferite che sembravano rimarginate. Ritornare al passato significa riaprire gli armadi della storia e riscoprire i loro scheletri. Certamente i tempi sono cambiati. In Irlanda i più giovani non hanno conosciuto i *Troubles* e i più anziani non hanno voglia di ripetere gli stessi errori e orrori. E in Scozia si è davvero votato da troppo poco tempo per sperare di riproporre subito un quesito cruciale come quello dell'indipendenza.

Eppure spargere di nuovo i semi di quelle tensioni è molto rischioso. Il gioco della Brexit vale la candela? A guardare i dati sull'immigrazione, cioè uno dei punti chiave, sia in termini pratici sia simbolici, sembra proprio di no.

È stato questo il nocciolo vero della scelta anti-europea. *"Take back control of our borders"*. Riprendere il controllo dei nostri confini. Ne erano ossessionati gli esponenti dello UKIP e i *brexiteers* del partito conservatore: nonostante l'adesione solo parziale al Trattato di Schengen, che aveva permesso di mantenere il controllo dei documenti, consideravano una follia il principio stesso della libera circolazione delle persone.

Nella loro visione il Regno Unito è il migliore dei mondi possibili ed erano quindi legittimamente preoccupati che tutto il quasi mezzo miliardo di abitanti dei 27 Paesi dell'Unione volesse trasferirsi oltremanica. I dati sembravano dare loro ragione. Se fino all'inizio del nuovo millennio i nuovi residenti registrati ogni anno in Gran Bretagna erano in media meno di duecentomila, dal 2005 in poi superarono quasi sempre i trecentomila. Record nel 2015, cioè proprio l'anno prima del referendum: 336.000 nuovi arrivati, al netto di chi se ne era andato: l'allargamento a est della Comunità Europea aveva segnato uno spartiacque. Nel 2004 erano stati ammessi all'Unione l'Ungheria, la Slovacchia, la Slovenia, i Paesi baltici, la Repubblica Ceca e soprattutto la popolosa Polonia. In poco tempo la comunità di polacchi in Inghilterra diventò la più numerosa tra gli europei. Poi nel 2007 nell'Unione entrarono anche Bulgaria e Romania. Il governo inglese difese i propri confini ottenendo un nuovo *opt-out*. Una deroga: fino al 2014 niente libera circolazione con gli ultimi due Paesi. Il numero di immigrati dall'Est Europa aumentò comunque progressivamente. Il *Polish builder*, il muratore polacco, divenne la benedizione per chiunque dovesse fare lavori edilizi e il bersaglio preferito di chi fomentava la paura per i troppi immigrati.

«Siamo una piccola isola» proclamava ai microfoni Rai Nigel Farage. «Fintanto che gli aderenti all'Unione erano Paesi con reddito medio analogo al nostro si poteva ancora sopportare. Poi si sono aperte le frontiere a persone che ci vedono come l'Eldorado. Non possiamo accogliere tutti». Se l'America per gli albanesi degli anni Novanta era la costa pugliese, per polacchi e poi bulgari e romeni lo furono le bianche scogliere di Dover. La necessità post-Brexit di registrarsi come residenti ha reso più accurate le statistiche: i romeni sono ormai quasi alla pari con i polacchi, ed entrambi i gruppi sopra il milione; gli italiani, oltre mezzo milione, sono al terzo posto tra gli europei. Anche dopo l'introduzione delle nuove norme gli arrivi stabili, al netto dunque delle ripartenze, sono rimasti sempre attorno ai 250/300.000 l'anno. Numeri per cui David Cameron era stato messo in croce. L'obiettivo di restare sotto i centomila nuovi residenti all'anno è fallito dunque sia prima che dopo la Brexit.

Come abbiamo visto, gran parte della campagna referendaria del 2016 ruotava proprio attorno alla paura dell'immigrazione. Da parte dei *brexiteers* si è giocato spesso sporco, fomentando apertamente gli istinti xenofobi, come quando sono state usate le foto delle file impressionanti di rifugiati siriani in cerca di asilo in Germania, come se fossero diretti tutti in Inghilterra. Esattamente un anno prima Angela Merkel aveva dichiarato «*Wilkommen*» i profughi siriani: era cominciata una imponente operazione di accoglienza che aveva fatto entrare nel Paese un milione di persone in pochi mesi. «*Wir schaffen das*», ce la faremo, aveva dichiarato la cancelliera. Se non ci fosse stata quella scelta tedesca, coraggiosa ma troppo drastica e rapida, la propaganda anti-europea in Gran Bretagna avrebbe avuto qualche arma in meno.

Libera circolazione e altre scuse
Il tema dell'immigrazione era in ogni caso caldissimo oltremanica. Nel mirino c'era sempre la libera circolazione delle persone nei Paesi dell'Unione, quadro normativo che secondo i *brexiteers* consentiva l'invasione straniera dell'isola britannica. Più immigrati arrivavano e più si allungavano le liste d'attesa per i pazienti del servizio sanitario nazionale. La manodopera dall'Est Europa faceva concorrenza ai lavoratori locali, toglieva posti agli inglesi. Insomma il repertorio classico. *Blaming game*: meglio accusare lo straniero che ricordare i tagli draconiani imposti al budget degli ospedali dai governi conservatori, con le ovvie conseguenze sui servizi ai pazienti. Irrilevante invece era il numero degli arrivi clandestini. Ancora nel 2018 furono solo 300 in tutto. Quattro anni dopo (2022) sarebbero stati oltre 45.000. La rotta illegale da Calais alla costa del Kent sarebbe diventata una emergenza solo dopo la Brexit, prima non era nelle mappe dei trafficanti.

Lasciamo scorrere ora il nastro e arriviamo a quel che è accaduto sul fronte immigrazione dopo il referendum, dopo le trattative con Bruxelles, dopo il Covid e dopo lo scoppio della guerra in Ucraina. Insomma, ai giorni nostri. Il periodo 2016/2022 ha dimostrato due cose fondamentali: 1) i lavoratori stranieri sono una necessità per il sistema economico britannico; 2) abolire le norme europee non è servito a ridurre i flussi. Nei dodici mesi tra giugno 2021 e giugno 2022 si è superato il mezzo milione di nuovi residenti. In un milione sono arrivati, in 500.000 se ne sono andati. Mezzo milione sono rimasti. Mai successo prima, mai nel secondo dopoguerra.

David Cameron può godersi la rivincita, limitare gli arrivi era missione quasi impossibile. Anche lui comunque aveva spesso attaccato le norme europee, alimentando un sottile sottotesto xenofobo che alla fine gli si è ritorto contro. Eppure sarebbe bastato avere un po' di esperienza di altri Paesi dell'Unione per sapere che la libera circolazione delle persone non esclude controlli ai flussi migratori, come ho sperimentato nei miei anni in Germania. La mancanza di un visto di soggiorno non significa il Far West. A Berlino occorre subito registrarsi presso le autorità locali e dimostrare di avere un reddito per mantenersi. Inoltre, in un primo periodo di residenza non si ha accesso alla sanità gratuita o ai benefit sociali.

Prima di buttare via il bambino assieme all'acqua sporca e uscire dall'Unione Europea per paura degli immigrati regolari, i governi inglesi avrebbero potuto introdurre politiche più efficaci di filtro e controllo. Quando ad esempio da Bruxelles sollecitavano l'Home Office, il ministero degli Interni britannico, a adottare i documenti di identità per i cittadini, la risposta era sempre no, troppo *unbritish*. I politici al governo a Londra pensano di vivere ancora in un mondo elitario dove i signori non hanno bisogno di farsi riconoscere e la servitù prende il nome del proprio padrone, come in *Downton Abbey*. E infatti tuttora in Inghilterra l'unico vero documento di identità è il passaporto, anche se non si è tenuti ad averlo con sé e serve solo per l'espatrio. L'assenza di una vera anagrafe produce risultati singolari ma prevedibili: per esempio, le autorità non sapevano nemmeno quanti europei vivessero nel Paese. L'Home Office si attendeva tre o quattro milioni di richieste di *settled status*, il permesso di residenza permanente concesso a chi vive in Gran Bretagna da più di cinque anni. Le domande invece sono state quasi il doppio.

Migranti, come prima, più di prima

Di fronte allo stupefacente dato di mezzo milione di nuovi residenti nel solo 2022 molti si sono grattati la testa. Immagino siano perplessi anche parecchi di coloro che hanno votato per la Brexit. Ad essere onesti la cifra comprende anche 170.000 ucraini che non sarebbero arrivati così in massa senza la guerra, ma la tendenza è chiara: l'immigrazione rimane alta, il tetto di 100.000 all'anno un miraggio. Cambiano solo i volti e i passaporti dei nuovi arrivati. Europei in calo (50.000 in meno nell'anno citato), più extracomunitari. Dominano ora gli asiatici, con gli indiani cresciuti del 273 per cento dal 2019, e gli africani, con i nigeriani saliti del 650 per cento.

Fenomeno storico. Non è un caso che il premier britannico sia un inglese di terza generazione e di origini indiane: Rishi Sunak, indù praticante. Il sindaco di Londra è inglese di seconda generazione e di origini pachistane: Sadiq Khan, musulmano praticante. Con la fine delle norme europee si torna ai flussi tradizionali della storia britannica post-coloniale. Senza però ridurre le cifre assolute in gioco e quindi senza tranquillizzare gli inglesi.

A rincarare la dose della retorica anti-immigrati è stata di recente la ministra degli Interni, Suella Braverman, che ha denunciato «l'invasione della costa meridionale». Non ce l'aveva con i migranti legali ma con le migliaia di clandestini che sbarcano in Kent e su tutta la costa inglese della Manica, arrivi che ricordano i barconi sulle coste europee del Mediterraneo. Un fenomeno poco significativo in passato, come abbiamo visto, ma esploso durante e dopo la pandemia fino a superare i 45.000 illegali nel 2022. Trafficanti e *passeurs* operano nella regione di Calais, attorno a Dunkerque o nel Belgio meridionale: traghettano afghani, siriani, nordafricani, che arrivano in Europa via mare soprattutto tramite l'Italia oppure via terra lungo le rotte balcaniche. Non si vogliono fermare in altri Paesi lungo la strada, perché di solito hanno già parenti o conoscenti oltremanica.

Parlare di invasione ha suscitato molte critiche. Meno indignazione invece hanno sollevato le proposte di espulsione immediata per chi arriva illegalmente, senza nemmeno esaminare la domanda di asilo. I governi di Londra e Tirana hanno siglato un accordo bilaterale che prevede il rimpatrio immediato per chi sbarca da clandestino (nel 2022 sono arrivati 12/13.000 albanesi), ma non è ancora operativo.

Accese polemiche ma approvazione rapida alla Camera dei Comuni anche per la legge che consente di spedire i clandestini in Ruanda, in attesa dell'esame della pratica di asilo. Ovviamente le Convenzioni internazionali vietano di "esternalizzare" il trattamento dei rifugiati e finora in Ruanda non è stato spedito nessuno. Ma in questo modo la retorica dell' "ambiente ostile" verso gli immigrati ha fatto un nuovo salto di qualità.

Ci aveva già provato la Danimarca. Stesso accordo con il governo del Paese africano, in cambio di lauti finanziamenti. Stesso risultato: zero deportati. Molti ricorsi alle varie corti internazionali dei diritti dell'uomo hanno infatti finora bloccato i trasferimenti.

In questo strano periodo post-Brexit non soltanto dunque i migranti regolari sono aumentati, ma si sono decuplicati quelli clandestini.

AAA Lavoratori cercasi

Il punto è che il sistema produttivo, anzi il sistema economico britannico ha chiaramente bisogno di manodopera straniera. Nella massa di indicatori preoccupanti in questi anni ne spunta uno positivo: la disoccupazione. È ai minimi storici, il 3,8 per cento, la metà dunque del tasso nell'Eurozona. In tempi normali ci sarebbe da stappare una bottiglia del tanto amato prosecco (gli inglesi ne sono i maggiori consumatori al mondo), ma il quadro congiunturale britannico non è normale. Il bassissimo numero di disoccupati vuol dire un'altra cosa: carenza di manodopera. Si stima manchino un milione e mezzo di lavoratori, più o meno in tutti i settori.

Provate a chiedere al gestore di un ristorante italiano a Londra cosa è successo tra il 2020 e il 2022. Provate a chiedergli perché è costretto a limitare i coperti o a tenere aperto solo alla sera e non a pranzo. Vi risponderà stizzito che migliaia di ragazzi impiegati nella ristorazione o nell'accoglienza (settore turistico e alberghiero) sono tornati in patria nella primavera 2020, perché a causa della pandemia i pubblici esercizi erano tutti chiusi. Ma quando la vita è tornata a scorrere e i locali hanno riaperto erano già scattate (gennaio 2021) le nuove norme di immigrazione. Chi non godeva di *settled* o *pre-settled status*, cioè il riconoscimento della residenza, doveva così chiedere il visto di lavoro sulla base di un contratto di assunzione e di un minimo di stipendio di 27.500 sterline, quasi 30.000 euro lordi l'anno, cifra che pochi locali pagano ad apprendisti o camerieri di sala a primo impiego. Idem per commessi di negozio, altro settore dove i ragazzi italiani sono numerosi e apprezzati.

Il minimo salariale vale anche per altre professioni più qualificate. Il dipendente straniero non può essere pagato meno della cosiddetta *going rate*, la media statistica dei compensi in uno specifico settore, pubblicata ogni anno dal governo. Questo serve a evitare la concorrenza al ribasso, ma lascia margini di incertezza e fa impazzire consulenti e datori di lavoro. Tutta burocrazia in più che aumenta i costi e disincentiva gli arrivi. Estendete questa infelice situazione a manovali e braccianti, all'edilizia o all'agricoltura, al personale paramedico, infermieristico e quant'altro: avrete una idea della carenza di tante figure professionali, prima coperte proprio dagli immigrati europei. In emergenza si è arrivati persino a organizzare voli charter dalla Romania per i raccolti di mele e fragole, oppure di patate e carote, i prodotti ortofrutticoli nazionali. Stessa cosa è avvenuta, ad esempio, con operai polacchi e lituani sulle piattaforme petrolifere del Mare del Nord, in Scozia. Oppure per i camionisti. Sembra questa la strada scelta adesso per ovviare al problema: visti temporanei.

Così per la prima volta dopo decenni i lavoratori europei che arrivano oltremanica sono ufficialmente *Gastarbeiter*, lavoratori ospiti, come i nostri genitori in Germania negli anni Sessanta, accolti nel nuovo mondo post-Brexit solo per poche settimane, cioè quanto serve alle aziende inglesi. Molti hanno risposto: «No grazie», cercando impieghi più duraturi e una permanenza meno indesiderata. Gli esempi si sprecano e non è soltanto questione di lavori umili. Prendiamo i medici: secondo una ricerca del Nuffield Trust, confermata dalla British Medical Association, a fine 2022 lavoravano nel Servizio sanitario britannico 37.000 medici europei. Se gli arrivi fossero continuati come prima di Brexit ce ne sarebbero stati 4.000 in più. Molti invece se ne sono andati, scoraggiati dalle nuove norme e dal costo della vita e molti in meno sono arrivati.

Anche peggio sta andando con i paramedici, infermieri e infermiere provenienti soprattutto da Paesi dell'Est Europa. Nel biennio 2015-2016 ne erano arrivati quasi 10.000. Nel biennio post-Brexit 2021-22 solo 663. A dare manforte negli ospedali si è presentato un battaglione di infermieri dei paesi asiatici, in particolare India e Filippine. In definitiva, secondo gli stessi dati dell'NHS, il servizio sanitario, al momento mancano nelle strutture pubbliche più di 10.000 dottori e almeno 40.000 infermieri. Un problema cronico, esacerbato proprio dalla Brexit. Il governo ha comunque promesso di reclutare 50.000 paramedici entro il 2024, si vedrà da dove.

Il sistema a punti introdotto al termine della libera circolazione europea, sull'esempio delle leggi australiane sull'immigrazione, ha come obiettivo il reclutamento dall'estero solo di personale qualificato, *skilled worker visa*. Titoli di studio elevati, alti salari. Porte aperte anche ai lavoratori "ad alto potenziale". Visti di ingresso speciali sono rilasciati alle persone che hanno un global business o sono innovatori in settori avanzati. Eppure nella fascia bassa del mercato del lavoro ci sono attività umili o faticose che gli inglesi proprio non vogliono o non sanno fare. Difficile guidare i flussi dall'alto, per decreto. La legge della domanda e dell'offerta, d'altronde, aveva già regolato da sé gli arrivi prima di Brexit: chi non trovava un lavoro difficilmente poteva restare a lungo in un Paese dal costo della vita alto come l'Inghilterra. Già prima di Brexit insomma lo straniero residente rispondeva a necessità del mercato del lavoro locale. Non era un immigrato parassita.

Chiarissimo in questo senso il grido di dolore che sale dai diretti interessati, cioè gli imprenditori. All'ultima assemblea (2022) della Confindustria britannica, la CBI, che rappresenta 190.000 aziende, la maggior parte medie e piccole, è stata diffusa una ricerca tra gli iscritti. Tre su quattro dichiaravano di avere carenza di manodopera e chiedevano al governo di essere realista, di ammettere che i lavoratori britannici non bastano e di allargare le maglie dei visti. Lo avevano già detto anche all'allora premier Johnson un paio d'anni fa. Mentre rispondeva, lui aveva perso i fogli del discorso e quindi aveva improvvisato, lanciandosi in un surreale elogio di Peppa Pig come esempio della creatività e imprenditorialità britannica. In platea pochi hanno apprezzato il riferimento alla maialina della serie tv. Alla più recente assemblea degli industriali ha partecipato Rishi Sunak. Messe da parte le battute, i frizzi e i lazzi del suo predecessore, il neo-premier ha risposto che i tempi dell'immigrazione a basso costo dall'Unione Europea sono finiti. Gli imprenditori devono avere pazienza, ci vorrà tempo per formare i nuovi lavoratori britannici. Insomma, l'obiettivo politico e propagandistico dei conservatori rimane quello di offrire «British jobs for British people»: posti di lavoro per i britannici. Uno degli slogan della Brexit. Un tempo in questo Paese si offrivano lavori in base alle competenze, non al passaporto.

AAA Fondi universitari e studenti cercasi
Un altro settore dove i conti non tornano è quello dell'università. I tentativi di dipingere una Brexit ricca di opportunità sono stati numerosi anche in questo campo. Ma gli accademici e gli abitanti delle città che dipendono dai grandi atenei non hanno mai abboccato. Oxford, Cambridge, Reading, Manchester, Newcastle nel referendum hanno votato per restare nell'Unione. Sapevano che erano in gioco miliardi di fondi e centinaia di migliaia di iscrizioni, studenti europei soprattutto per i corsi post-laurea e di dottorato. Il Regno Unito era al primo posto tra i beneficiari dei finanziamenti comunitari grazie alla capacità

di attrarre ricercatori di primo piano da tutto il mondo: merito della lingua inglese e dei suoi istituti d'eccellenza. I progetti presentati dalle università britanniche erano quasi sempre i migliori e si aggiudicavano così molti fondi dei programmi di ricerca e innovazione, come quello che dal 2021 si chiama Horizon (Orizzonte Europa). Dal 2014 al 2020 godeva di un budget da 80 miliardi di euro e fino al 2027 disporrà di altri 95 miliardi. Lo stesso avveniva con i fondi per la digitalizzazione, per la ricerca e la formazione in campo energetico e in molti altri settori. I vertici delle università inglesi – non solo quelle più blasonate – sapevano bene cosa avrebbe comportato staccarsi dall'Unione. Era evidente poi che la fine della libera circolazione avrebbe reso più difficile l'ammissione e l'arrivo degli studenti continentali.

E anche in campo universitario le promesse sono finite rapidamente in un cassetto. L'idea di poter rapidamente sostituire i fondi europei con un budget nazionale britannico era del tutto irrealistica: a cavallo della Brexit la sola università di Oxford aveva in corso 633 progetti finanziati da fondi europei. In quattro anni ha perso qualcosa come 280 milioni di euro. Quella di Cambridge aveva ricevuto da Bruxelles 483 milioni di euro di finanziamenti Horizon in sette anni. Zero ovviamente dopo l'uscita. Difficile insomma convincere accademici e ricercatori che Brexit sarebbe stata un affare e infatti il giorno dopo il referendum del 2016 nelle città universitarie c'era la stessa atmosfera mesta che regnava a Londra. Ora il governo inglese cerca di tornare ad associarsi al programma Horizon, ma il contenzioso sull'Irlanda del Nord ha bloccato finora eventuali collaborazioni.

I presentimenti si sono dunque materializzati, non solo nella perdita di finanziamenti ma anche di studenti europei. Dare cifre complessive è difficile: le statistiche (University World Press, UCAS e Higher Education Statistics Agency) segnalano cali di almeno il 40 per cento nelle iscrizioni all'anno accademico 2021/22, il primo post-pandemia e con le nuove norme post-Brexit. Dimezzati gli studenti italiani, tedeschi e francesi nei corsi di laurea e ancora peggio per i dottorati post-laurea. Crollo di oltre il 70 per cento tra gli studenti dell'Est Europa, soprattutto romeni e bulgari, più sensibili all'aumento dei costi. Come dare torto a loro e alle loro famiglie? Quando il Regno Unito era membro dell'Unione le regole europee valevano per tutti. Andava cioè applicato agli studenti comunitari il miglior trattamento goduto da quelli nazionali. Prima del 2016 dunque in Inghilterra gli studenti europei pagavano le stesse tariffe dei compagni di studio inglesi: 9250 sterline (circa 10.000 euro). Gli *overseas*, cioè gli extracomunitari, pagavano invece cifre variabili che ammontavano almeno al doppio, spesso al triplo.

Dopo Brexit anche gli europei sono accomunati agli *overseas* in una unica categoria chiamata International, e quindi di fronte alle nuove rette da 20/30.000 euro all'anno molti giovani di Paesi dell'Unione hanno ovviamente cambiato destinazione.

Ancora più paradossale la situazione delle università in Scozia, compresa la blasonatissima St. Andrews, dove hanno studiato rampolli reali come il principe William. L'educazione e il sistema scolastico sono competenza del governo locale di Edimburgo, dopo la devoluzione di poteri varata da Tony Blair alla fine degli anni Novanta. Le università scozzesi sono gratuite per gli studenti scozzesi e grazie alle norme europee anti-discriminazione questo trattamento di favore era esteso anche ai giovani che arrivavano dal Continente. Fino al 2020 uno studente italiano o francese o tedesco frequentava gratuitamente in quanto straniero comunitario. Uno inglese invece no, in quanto nazionale ma non scozzese: paradossi della Devolution. Dopo Brexit gli atenei scozzesi hanno scelto di relegare tutti gli stranieri nella categoria degli Internazionali, come in Inghilterra, e i costi sono schizzati alle stelle anche qui.

Alle rette universitarie vanno aggiunte ovviamente le spese di mantenimento e soggiorno. Anche per una stanza, o un appartamento in condivisione, si tratta comunque di migliaia di sterline all'anno. Altra novità: gli studenti europei non hanno più accesso ai prestiti d'onore britannici. Per decenni erano stati la salvezza finanziaria per ragazzi di famiglie con modeste possibilità economiche.

Ora invece solo chi ha il *settled status* può ancora fare domanda, non i nuovi arrivati, dopo il primo gennaio 2021. Unica strada per ammortizzare le spese rimane quella delle borse di studio, ma ottenerle è sempre più difficile di fronte a una concorrenza decuplicata.

Meno europei, più resto del mondo

La riduzione di studenti europei nelle università inglesi non stupisce. Viste le condizioni, era stato ampiamente previsto. Se finora le università britanniche non hanno alzato bandiera bianca è solo per un motivo: il calo degli europei è stato compensato dall'aumento esponenziale di studenti asiatici, africani, statunitensi o latino-americani. I direttori di dipartimento o di scuole di specializzazione si sono trasformati in agenti di commercio. Volano in lungo e in largo per il mondo a caccia di nuovi mercati: operazione di puro marketing insomma, senza grande considerazione per la preparazione o le capacità dei nuovi studenti. Gli Internazionali pagano decine di migliaia di sterline, quindi sono i benvenuti. Così l'equilibrio nel corpo studentesco degli atenei oltremanica è già cambiato radicalmente. Fuori gli europei, dentro i nuovi ricchi cinesi, indonesiani, thailandesi. Gli arabi già c'erano, come anche australiani, neozelandesi, statunitensi e canadesi. Si fanno avanti schiere di indiani, nigeriani, sudafricani e brasiliani. Almeno in questo settore dunque lo slogan Global Britain comincia a prendere forma, anche se spesso a scapito della qualità e del livello dei corsi, che devono tenere il passo rallentato di studenti con una formazione pre-universitaria radicalmente diversa e spesso carente. Sono comunque tutti benvenuti in un periodo di tagli ai budget universitari e alle retribuzioni di docenti e assistenti.

La recessione e l'aumento del debito pubblico causati dalla pandemia e dalla guerra in Ucraina stanno prosciugando le fonti di finanziamento nazionale, proprio mentre si chiudeva anche il rubinetto dei fondi europei. Ne fanno le spese soprattutto le facoltà e i corsi umanistici. Atenei come Birkbeck di Londra, con due secoli di storia, o il famoso Goldsmiths, sempre a Londra, hanno annunciato il licenziamento di centinaia di docenti. Già il peso della pandemia aveva colpito i bilanci, visto che molte iscrizioni nel 2020/21 sono state cancellate. Difficile disegnare un quadro completo, tra scuole sull'orlo del fallimento e invece altre che hanno già assorbito le perdite con l'aumento degli studenti extracomunitari. Le università più prestigiose ce la faranno, quelle minori già arrancano.

Tirando le somme, il mondo accademico inglese deve affrontare il contemporaneo esplodere di crisi molteplici: 1) mancato accesso ai fondi europei; 2) tagli ai finanziamenti nazionali; 3) calo degli studenti europei; 4) aumento del costo della vita per docenti e studenti. Non a caso hanno raggiunto livelli record le domande di ammissione ai programmi di sostegno economico per i giovani, come lo Student Hardship Fund. Non si erano mai visti poi tutti questi giorni di sciopero del personale universitario: da gennaio a marzo 2023 agitazioni in 150 atenei, coinvolti 70.000 addetti, tra insegnanti, ricercatori e amministrativi. Un capitolo inedito dell'"inverno dello scontento" che ha tormentato l'Inghilterra.

Meglio sta andando con il programma intitolato ad Alan Turing, il celebre e tormentato genio della matematica, uno dei padri della rivoluzione informatica. Dall'anno scolastico 2020 ha sostituito l'Erasmus per gli scambi studenteschi all'estero. Ne hanno beneficiato 38.000 studenti delle secondarie e delle università inglesi: vengono finanziati periodi dalle quattro settimane in su presso istituti scolastici di tutto il mondo, non solo in Europa. Fiore all'occhiello dunque della Global Britain post-Brexit. Rispetto all'Erasmus, che si basa su un budget pluriannuale, quello dello schema Turing viene finanziato di anno in anno, con relativa incertezza. Il governo ha esteso per ora il programma fino al 2024, 130 milioni di sterline all'anno, budget comunque non paragonabile ai quasi 4 miliardi di euro di Erasmus.

Per gli studenti c'è inoltre una differenza fondamentale. Il programma europeo copre la spesa per la retta della scuola ed è basato sulla reciprocità: si manda uno studente e uno si riceve. Il programma Turing invece è unidirezionale e non paga la retta, ma offre una somma forfettaria. Le cifre settimanali sono generose certo, però dipende dove gli studenti inglesi scelgono di studiare. Il meccanismo è ancora in rodaggio e per ora ha una sola conseguenza sicura: un drastico calo anche di questo tipo di studenti europei oltremanica.

E pensare che anche fuori dall'Unione Europea il Regno Unito potrebbe continuare a partecipare all'Erasmus, come ad esempio fanno Paesi terzi quali Islanda o Norvegia. Altri, per esempio Turchia e Serbia, sono in lista di attesa. Il premier Johnson ha dichiarato invece che non era nell'interesse del contribuente britannico, perché arrivavano molti più studenti europei qui che non inglesi sul Continente. Conclusione: "Non ci conviene". Le città universitarie dove gli studenti europei portavano soldi e talenti non la pensano così.

In questo difficile quadro chi cerca soluzioni drastiche fa danni ancora peggiori. Il governo Sunak, ispirato dalla ministra degli Interni Braverman, sta progettando restrizioni proprio per gli studenti universitari stranieri. Non gli europei, già penalizzati, bensì gli extraeuropei. Gli inglesi si sono infatti accorti di un fenomeno paradossale: gli studenti africani e asiatici sono una voce consistente nell'aumento record di immigrati. Ogni studente ha diritto a portare in Inghilterra uno o più familiari, chiamati *dependant* e ne usufruisce il 20 per cento in media. Uno su cinque, dunque. Indiani e nigeriani sono tra i più esigenti: per ogni studente c'è almeno un accompagnatore. Un modo surrettizio per entrare nel Regno Unito e spesso restarci, sospettano all'Home Office. Così la scure della inflessibile ministra punta ora a ridurre gli studenti di università "non di élite": abbassano la media degli studi e alzano quella degli immigrati.

Peccato che anche questo progetto sia un autogol. L'organizzazione Universities UK, che raggruppa le principali istituzioni accademiche del Regno, ha buon gioco infatti a ricordare che gli studenti stranieri portano nel Paese in media 26 miliardi di sterline all'anno e contribuiscono spesso in modo decisivo all'economia locale di aree e città come Manchester, Edimburgo, Leeds, Sheffield, Birmingham, Reading, Durham, oltre ovviamente a Londra. Con una punta di perfidia la nota ricorda che nella circoscrizione elettorale della ministra stessa l'università genera un giro d'affari di 20 milioni all'anno. Un appello a non fare scherzi e a pensare piuttosto alla rielezione, insomma. Braverman farà meglio a tenersi buoni i voti dei suoi elettori in Hampshire. Lampante anche il caso di Manchester: nel biennio 2018/19, ultimo pre-Brexit, il fatturato dell'ateneo superava il miliardo di sterline. Quello del Manchester United, gloria del calcio locale e nazionale, era di 627 milioni, quello del City, fresco collezionista di scudetti e coppe, di 535. Insomma l'ateneo contribuiva alla ricchezza della città come i due superclub messi insieme.

La galassia universitaria dunque può essere considerata come un altro esempio di un settore d'eccellenza prima virtuoso, ora inceppato e compromesso dalla Brexit.

Orwell profeta in patria

"LA GUERRA È PACE/ LA LIBERTÀ È SCHIAVI-
TÙ/ L'IGNORANZA È FORZA.

Il volto del Grande
Fratello parve indugiare per diversi secondi sullo schermo, come se l'impatto che aveva esercitato sulle pupille
dei presenti fosse troppo intenso per poter essere eliminato all'improvviso... La menzogna diventa verità e passa
alla storia... Chi controlla il passato controlla il futuro:
chi controlla il presente controlla il passato".

Se avessi riflettuto di più sul *newspeak*, la neolingua di
Orwell in *1984*, avrei interpretato meglio e più velocemente le espressioni inglesi che sembrano voler dire una
cosa e invece ne intendono un'altra. Il principio del *doublethink*, bis-pensiero orwelliano, vale benissimo anche
oggi in Inghilterra, dalla politica alla conversazione quo-
tidiana e disegna perfettamente un tratto del carattere
e dell'uso del linguaggio da parte degli inglesi. Quante
volte noi inguaribili romantici latini ci siamo sentiti dire
«*It has been a lovely evening*» da qualche gentile partner
locale, già decisa a non concedere il bis. Variante più sbri-
gativa: «*How lovely...*», recitato con un sorriso commosso,
prima di sparire per sempre sul primo taxi. «*It's ok*» è il
commento più negativo che si possa ascoltare dopo un
pranzo o una cena pessima. Vuol dire l'esatto contrario,
«*It's NOT ok*», era disgustoso.

Diffidate quando il commesso di un negozio vi risponde: «*Sorry about that*». Nel frattempo ignora la vostra do-

145

manda e continua a curarsi degli affari suoi. Corrisponde pressappoco a un nostro "non rompermi le scatole, ho altro da fare". E attenzione anche al gentilissimo «*Excuse me*» che esce come un sussurro dalle labbra inglesi anche quando sei tu ad avere pestato il piede altrui. Se detto con tono appena appena irritato significa proprio quello che avete capito. Non è un "mi scusi", bensì un "guarda dove vai, idiota".

È il ben noto problema dell'ambiguo *understatement*, finto educato e gentile, che sulle prime può trarre in inganno. Anche qui, come nei salotti romani o nella Parigi di Lucien Chardon delle *Illusioni perdute*, ci vuole un codice per decifrare i messaggi. Occorre molta esperienza, buon uso di mondo e conoscenza dei costumi locali. Il problema di navigare tra illusione e realtà non si pone soltanto nelle scelte politiche e sul futuro del Paese. Permea ogni aspetto della vita sociale inglese, sempre in bilico tra verità e finzione, creando una narrazione collettiva a cui tutti sembrano credere. Non solo oggi, ma nell'intera storia recente inglese.

Pensiamo ad esempio al 1964. Mentre l'Impero britannico si sfaldava – per fortuna generalmente in modo pacifico – e le ex colonie conquistavano l'indipendenza il neoeletto premier (laburista) Harold Wilson proclamava: «O siamo una potenza mondiale con influenza globale o non siamo nulla».

Anche la regina Elisabetta con la sua sempiterna longevità sul trono d'Inghilterra ha contribuito alle fantasie collettive, oggettivata com'era ormai nella psiche dei suoi concittadini. Elisabetta era la monarchia, la monarchia era Elisabetta. La continuità personale e istituzionale garantiva l'ancoraggio a un grande passato, quello dell'Impero, delle colonie, delle guerre vinte. La magnificenza delle cerimonie reali, l'apertura sfarzosa del Parlamento, i matrimoni e i funerali in pompa magna sono stati per decenni l'illusione ottica che ha falsato la percezione del Regno Unito.

Tu quoque Economist

Nell'equivoco continua a cascare anche la stampa. Persino il blasonato *Economist*, settimanale prestigioso controllato dal gruppo finanziario Exor, cioè dalla famiglia Agnelli. Nell'anno di grazia 2022, mese di ottobre, è uscito con una copertina dal titolo *Welcome to Britaly*, benvenuti in una Gran Bretagna che sembra sempre più l'Italia. Ce l'avevano con Liz Truss, ex ministra e ormai ex premier, ritratta come una novella Boadicea all'amatriciana, regina guerriera che brandiva come una lancia una forchettata di spaghetti. I colleghi inglesi volevano sottolineare ovviamente che l'instabilità politica britannica dell'estate 2022 non aveva precedenti e ricordava quella tipica italiana. Ma l'ironia e l'uso dei soliti stereotipi nei nostri confronti erano davvero fuori luogo. Tanto da suscitare una altrettanto ironica ma tagliente reazione da parte del neo-ambasciatore italiano Inigo Lambertini.

C'era davvero poco da ridere, dopo tre governi cambiati in tre mesi, cinque premier in sei anni, dentro e fuori Downing Street come nelle porte girevoli di un albergo. Come possono suscitare ancora indignazione i trascorsi libertini di Silvio Berlusconi dopo che a Downing Street è approdato il funambolico Johnson, con i suoi tre matrimoni, i sette figli ufficiali – compreso il *love child* con la consulente d'arte Helen Macintyre – e almeno un paio d'altri sospetti? Davvero gli inglesi possono scherzare col ditino alzato sui primi ministri italiani non eletti dal popolo quando a Londra si sono avvicendati premier, ministri e interi governi senza essere passati dalle urne? Davvero possono rivendicare standard di vita pubblica impareggiabili e ineccepibili? Davvero possono ancora credere di avere politici che non si lasciano tentare dal vile denaro né dalla più subdola celebrità televisiva? Davvero il Regno è sempre un Paese aperto all'accoglienza dei migliori cervelli e compassionevole verso chi cerca rifugio da guerre e persecuzioni?

Nelle diverse interviste che ho avuto il privilegio di fargli, strappate per strada o concesse ufficialmente, Boris Johnson mi ha sempre ripetuto che «per il Regno Unito uscire dall'Unione Europea non significa uscire dall'Europa», «I nostri vicini europei saranno sempre i nostri migliori partner e amici» e così via. Neo-lingua di chi stava nel frattempo smantellando i rapporti commerciali e la collaborazione accademica e di ricerca scientifica tra le due sponde della Manica. Certo la geografia "condanna" le isole britanniche a essere Europa, ma il tono cordiale, quasi idilliaco, delle sue parole si è scontrato tante volte in questi anni con la più brutale *Realpolitik*.

A chi le chiedeva se Macron fosse amico o nemico la premier a lui succeduta, LizTruss, rispose sibillina: «La Corte deve ancora decidere». Mai sentite frasi del genere nei recenti rapporti bilaterali, seppure inaciditi dal contenzioso sui migranti e sulla pesca nella Manica. Questo dunque l'atteggiamento vero, persino con i dirimpettai francesi, ben diverso da quello edulcorato dalla propaganda. Dopo Brexit i rapporti con gli altri Paesi europei sono diventati *confrontational*, conflittuali. In questo quadro orwelliano per fortuna c'è il Grande Fratello americano a tenere a bada i riottosi vicini di casa del condominio europeo.

Lobbisti e tangentari

«Ritengo in tutta onestà che il nostro non sia per nulla un Paese corrotto né lo siano le nostre istituzioni». Parola di Boris Johnson nel novembre 2021. Erano i giorni in cui da premier stava affrontando il caso del deputato Owen Paterson, già ministro per l'Irlanda del Nord e per l'ambiente in precedenti governi conservatori. Un caso che riportò in primo piano l'attività di lobby svolta da molti parlamentari, soprattutto del suo partito. Tutto regolare, mica come le tangenti di italica memoria. Il lobbista svolge una sorta di secondo lavoro profumatamente pagato da aziende e organizzazioni, formalmente dichiarato nei rendiconti pubblici e alla luce del sole. Spesso, però, di fatto è in conflitto di interesse con i doveri di imparzialità della carica che il deputato ricopre. Paterson era già sotto esame da anni a causa dei suoi rapporti con due aziende, tra cui un noto gruppo farmaceutico, ed era stato censurato dalla Commissione per gli standard nella vita pubblica con un mese di sospensione. Aveva regolarmente denunciato mezzo milione di sterline in cinque anni di consulenze, ma anche fatto pressioni dirette e indirette per far assegnare forniture e appalti sempre alle stesse aziende. Johnson lo difese proponendo addirittura una leggina che consentiva di ignorare il giudizio della Commissione. Solo l'indignazione dei giornali e di mezzo partito conservatore, tra cui l'ex premier John Major, lo costrinse alla marcia indietro. Pronunciò così quella *excusatio non petita*: «Le istituzioni britanniche non sono corrotte». Qualche volta i loro esponenti invece sì.

Vero è che gli standard della vita pubblica britannica sono stati in genere ineccepibili. Al massimo era il sesso a tradire i politici del passato, come nel famoso scandalo Profumo: il ministro della Difesa John Profumo a inizio anni Sessanta ebbe una relazione con la giovanissima (diciannove anni) Christine Keeler, che nel frattempo era l'amante pure dell'addetto militare presso l'ambasciata sovietica a Londra. Sesso e spie, c'era la Guerra fredda. Finì con le dimissioni del ministro e grande vergogna personale e familiare.

Se non era la passione erano ovviamente i soldi a sedurre i politici. Anche i deputati inglesi in passato si allargavano con le note spese, rubacchiando sui benefit per la casa o gonfiando ricevute di viaggio e di pernottamenti. Fenomeno emerso in uno scandalo recente, nel 2008/2009. Deputati che assumevano i figli come portaborse, mettevano la babysitter a carico delle spese parlamentari o richiedevano il rimborso per alberghi a Londra anche se nella capitale possedevano casa di proprietà. Finì con un gran polverone su giornali e tv. Dimissioni di ministri e parlamentari, compreso lo speaker della Camera dei Comuni Michael Martin, laburista, il primo dal 1695 a essere cacciato con un voto di sfiducia. Furono tutti scoperti grazie a una nuova legge sulla trasparenza (Freedom of Information Act del 2000), cocciutamente e sapientemente sfruttata da un gruppo di giornalisti investigativi. Per "sbaglio" la documentazione relativa all'ex premier Tony Blair andò invece distrutta prima di essere resa pubblica.

In linea di massima comunque episodi minori, non una corruzione diffusa e sistematica. La classifica annuale di Transparency International pone (2021) il Regno Unito all'undicesimo posto al mondo. Posizione lusinghiera, dietro gli integerrimi Paesi nordici (Danimarca, Finlandia, Norvegia, Svezia, Svizzera, Olanda, Lussemburgo), ma anche ai sorprendenti Singapore e Nuova Zelanda. La Germania è appena un gradino sopra della Gran Bretagna, al decimo. L'Italia è collocata al 42° posto su 180 Paesi esaminati.

Lady Reggiseno e gli appalti Covid

Oltremanica non si è però mai indagato davvero nella zona grigia del lobbysmo nel mondo politico. È una attività legittima, con controlli di varie commissioni ed enti, ma dà spazio comunque alla possibilità di molti abusi dietro le quinte. Non c'è nemmeno da risalire troppo nel tempo, basta guardare al periodo del Covid. Dipendendo dalla sanità pubblica, il settore farmaceutico è uno dei più a rischio per tangenti, come già nelle avvisaglie del caso Paterson. Non stupisce affatto che sempre nel mondo sanitario sia scoppiato un nuovo scandalo scoperto dal *Guardian* e rilanciato con gusto godereccio dai tabloid. *Sun, Mail, Mirror, Express* e allegra compagnia della stampa popolare inglese si sono buttati con gusto sulle foto giovanili e sulla attività imprenditoriale di Lady Bra, cioè Lady reggiseno, come è stata ribattezzata la baronessa Mone. Al secolo Michelle Mone, cinquantuno anni, alle spalle una lucrosa attività di produzione e vendita di indumenti intimi femminili.

Da membro della Camera dei Lord, designata dai conservatori, avrebbe sollecitato insistentemente la concessione di appalti alla MediPro, azienda di produzione di materiale protettivo sanitario.

Erano i mesi convulsi della primavera 2020 quando tutti gli ospedali cercavano disperatamente mascherine, camici e quant'altro per proteggere medici, paramedici e pazienti. Così l'appalto, 200 milioni di sterline, fu assegnàto per le vie brevi e nel caos di quelle settimane fu acquistato di tutto.

Dopo camici e mascherine, la baronessa tentò lo stesso gioco con gli appalti per i test diagnostici, facendo pressioni a favore di un'altra ditta. Ora è in corso una indagine giudiziaria: Michelle Mone ha dichiarato di non aver ricevuto denaro, ma secondo documenti in possesso del *Guardian* sono finiti sui conti offshore di un trust di cui la donna è beneficiaria assieme ai figli ben 29 milioni di sterline, solo per la prima "consulenza". Per la seconda invece i soldi sarebbero finiti a una società del marito. Lei nel frattempo si è dimessa in attesa di chiarire la posizione.

Il caso Mone ha di nuovo attirato l'attenzione pubblica su questa zona grigia. Secondo Open Democracy nel solo 2022 260 deputati hanno dichiarato introiti esterni all'attività parlamentare, con redditi supplementari per quasi 10 milioni di sterline. Una elaborazione di SkyNews su dati pubblici stima in oltre 17 milioni di sterline gli extra profitti incassati dai deputati dall'inizio della legislatura corrente, dicembre 2019. La parte del leone la fanno i conservatori, che d'altronde hanno la maggioranza

153

ed esprimono il governo, fatturando oltre 15 milioni di sterline per attività da consulenti, esperti finanziari, commentatori, conferenzieri.

Non solo Lady Bra o caso Paterson: l'ex avvocato generale dello Stato Geoffrey Cox ha guadagnato un milione di sterline come libero professionista difendendo il governo delle Isole Vergini contro il ministero degli Esteri britannico. Da bravo avvocato è rimasto su binari legali, ma anche lui si è mosso in zona molto grigia, scatenando accese polemiche, spentesi poi senza conseguenze.

Poveri deputati, ricchi conferenzieri
D'altronde lo stipendio dei parlamentari britannici è fissato a 84.000 sterline l'anno (circa 95.000 euro), molto meno dei colleghi italiani. Dopo lo scandalo delle note spese di una quindicina di anni fa nessuno a Londra fa più la cresta, ma rimane la strada del doppio lavoro, come sanno bene gli ex premier. Theresa May dalla fine del 2019, tornata semplice deputata, ha incassato oltre due milioni e mezzo di sterline, con un picco di 400.000 sterline per alcuni discorsi tenuti in California. Lei precisa che sono fondi utilizzati per le sue associazioni di beneficenza, da cui al massimo detrae per sé un modesto appannaggio.

Conferenziere con parcella salata e meno intenti umanitari è Boris Johnson. 276.000 sterline per un discorso al Consiglio degli assicuratori americani in Colorado solo tre settimane dopo avere lasciato Downing Street, quando le norme prevedono invece un periodo di silenzio di almeno tre mesi. Lui le ha ignorate, partecipando subito a incontri e congressi a pagamento. Appena smessi i panni di premier dal settembre 2022 in sei mesi ha guadagnato quasi 6 milioni di sterline. Una star ben pagata. È anche tornato a scrivere: dopo quello su Churchill, un libro su Shakespeare. Ha già firmato con l'editore HarperCollins un contratto per le sue memorie sui due anni a Downing Street, per il quale si parla di un altro anticipo milionario. D'altronde il personaggio ha bisogno di finanze robuste per mantenere la sua famiglia allargata. Lasciare Downing Street per lui è stata una benedizione dal punto di vista economico e gli ha risparmiato la fatica di dover chiudere partite spinose come quella nordirlandese.

Il problema con Johnson è che si sente esentato dalle regole, vive sempre al limite del lecito. Con lui la zona grigia della moralità pubblica si è ampliata di molto e gli standard si sono proporzionalmente abbassati. Spesso se l'è cavata solo grazie alla propria capacità oratoria: la simpatia umana e l'esuberanza verbale hanno fatto da schermo alla sostanza delle sue violazioni. Come ad esempio quando ha usato fondi di un finanziatore del partito, Lord David Brownlow, per i lavori di ristrutturazione dell'appartamento al numero 10 di Downing Street, contributo non dichiarato ma poi restituito quando la storia è venuta a galla. Oppure quando è stato ospite a titolo gratuito in ville milionarie ai Caraibi, ad esempio sull'isola di Mustique, di proprietà di un altro finanziatore dei tories. Dopo aver traslocato da Downing Street è andato a vivere con la famiglia in una casa lussuosissima a Knightsbridge, messa a disposizione da un altro finanziatore del partito, Anthony Bamford. Tutti gentili sostenitori, ovviamente senza secondi fini.

Un altro filone poco chiaro ma di lunga tradizione nella politica inglese è quello che potremmo ribattezzare "soldi per onorificenze". Nel 2006/2007, durante il secondo mandato di Tony Blair, la Commissione per le nuove nomine alla Camera dei Lord respinse alcuni nomi proposti dal governo per la nomina a Pari del Regno. Si era scoperto che guarda caso erano tutti finanziatori del partito laburista. Non risultavano ufficialmente, perché avevano sfruttato un cavillo: se i soldi erano in forma di prestito e non donazioni potevano essere omessi dalle dichiarazioni. Inevitabile l'inchiesta con interrogatori del premier, di ministri e di politici di vari partiti, anche conservatori: 136 testimoni ascoltati, oltre 200 pagine di rapporto finale. Dal momento che non si riuscì a stabilire che la nomina a lord fosse stata concordata prima della generosa offerta in denaro, fu tutto archiviato.

Analoghe polemiche esplosero per le liste di Pari del Regno presentate dal premier Johnson. Su sua indicazione divenne Lord nel 2020 l'uomo d'affari di origine russa Evgeny Lebedev, proprietario del quotidiano londinese *Evening Standard*. A fine 2022 Johnson ha poi proposto anche i suoi due assistenti, Ross Kempsell, trent'anni, e Charlotte Owen, meno che trentenne. Forse un po' troppo giovani, per essere onorati da un incarico a vita alla Camera dei Lord.

Sull'onda dello scandalo Paterson la Camera dei Comuni ha avviato la revisione del codice di condotta per le consulenze dei parlamentari, che è poi stato approvato nel dicembre 2022 e restringe parzialmente il raggio delle attività possibili. Una trentina di deputati ha dovuto ridimensionare le proprie collaborazioni esterne. Niente di più.

La famosa carità "pelosa"

Persino la monarchia, nella persona dell'allora principe e attuale re Carlo III, è stata sfiorata da sospetti di corruzione. Il suo segretario particolare e braccio destro per quattro decenni, Michael Fawcett, è stato costretto a dimettersi nel 2021. Era emerso che aveva sollecitato il conferimento della cittadinanza britannica e dell'onorificenza di cavaliere dell'Impero britannico a un miliardario saudita, Mubarak Bin Mahfouz. Guarda caso l'uomo d'affari aveva appena donato un milione e mezzo di sterline alla Fondazione del principe. Quei soldi servivano a restaurare due castelli in Scozia, ma Carlo ovviamente negò di averne saputo nulla. Certo, accusò comunque il colpo, anche perché Fawcett era l'unica persona di cui a palazzo non poteva fare a meno. Il caso non è ancora chiuso, gli investigatori hanno inviato la documentazione alla Procura a fine 2022. Difficile comunque che si proceda per via giudiziaria: la legge che riconosce come reato "procurare o facilitare un titolo d'onore in cambio di denaro" è del 1925 e da allora solo un imputato è stato condannato a due mesi di carcere e una multa di 50 sterline. Un caso risalente al 1933.

Con l'arrivo al vertice dei conservatori dell'attuale leader Rishi Sunak, ex finanziere della City, molti milionari sono tornati a dare lauti contributi al partito. Le comuni origini indiane hanno facilitato, ad esempio, la ripresa di rapporti con il magnate dell'acciaio Lakshmi Mittal, che pure in passato era stato tra i discussi finanziatori del New Labour di Tony Blair. Ora sia Mittal che il miliardario egiziano Mohamed Mansour o l'inglese Graham Edwards, immobiliarista e membro del think tank di destra Centre for Policy Studies, hanno preannunciato nuove ricche donazioni.

Non va male nemmeno ai laburisti guidati da Starmer. Le prospettive di vittoria alle prossime elezioni scaldano il cuore dei grandi finanziatori. Nell'estate 2022, mentre le donazioni ai tories crollavano a causa del caos nel partito, quelle ai laburisti aumentavano di un milione e mezzo di sterline. Spesso però i generosi personaggi che destinano tutti quei soldi ai loro politici di riferimento non si accontentano di ricevere in cambio dei titoli onorifici. Mittal infatti, nel 2002, era stato al centro di uno scandalo insieme ai laburisti: Tony Blair aveva facilitato la vendita al re dell'acciaio di un impianto in Romania e poco dopo il suo partito aveva ricevuto da parte sua un contributo di 125.000 sterline.

Zona grigia e sospetti ovviamente anche nel terreno minato delle licenze edilizie, come quella garantita al miliardario Richard Desmond per un progetto a sud del Tamigi. Fu necessario l'intervento diretto dell'allora ministro per edilizia e governo locale, Robert Jenrick, per aggirare i pareri negativi dei tecnici e delle autorità locali. A metà 2020 ottenne così il via libera un insediamento urbano di 1500 abitazioni sulla Isle of Dogs, Londra est. Nel pieno delle polemiche Johnson difese e confermò la fiducia al suo ministro. Un anno dopo invece il successore di Jenrick, Michael Gove, ribaltò la decisione e il controverso Progetto Westferry Printworks fu bloccato.

Insomma il Comitato sugli standard della Camera dei Comuni ha sempre avuto molto da fare, soprattutto negli anni in cui è stato premier Johnson. Più volte personalmente ammonito, alla fine lui non è mai stato censurato, né tantomeno indagato dalla magistratura. Le denunce sono però continuate. A inizio 2023 il partito laburista segnalò lo strano caso di un prestito da 800.000 sterline (oltre 900.000 euro) ottenuto dall'allora premier alla fine del 2020. A garanzia della somma fu chiamato Richard Sharp, ex banchiere, dirigente di JP Morgan e Goldman Sachs e finanziatore del partito conservatore. Poche settimane dopo, nel gennaio 2021, Sharp venne indicato dal governo come presidente della BBC, carica che assunse il 10 febbraio. Quando la vicenda è venuta a galla si sono aperte due indagini, da parte del commissario per le nomine pubbliche e da parte dello stesso vertice dell'Ente radiotelevisivo britannico. Insomma, Johnson ha messo nei guai persino la BBC.

Già da sindaco di Londra aveva camminato sulle uova per favorire la sua amante del tempo, Jennifer Arcuri. La giovane americana lo accompagnò in alcuni viaggi ufficiali e ricevette 126.000 sterline di fondi pubblici per i progetti della sua agenzia. Ma Johnson fu scaltro a non lasciare nessuna impronta digitale in giro.

Downing Street Disco dance

Corruzione dunque in chiaroscuro. Dietro le statistiche e le lusinghiere classifiche internazionali rimane una zona grigia tacitamente tollerata. Anche dopo il caso Paterson gli affari extraparlamentari dei deputati sono continuati, anzi aumentati in valore. A compromettere ancora di più gli standard della vita pubblica inglese è stato poi il mancato rispetto delle regole imposte agli altri e degli accordi sottoscritti in campo internazionale. Dalla farsa del Partygate allo scontro con Bruxelles sul Protocollo nordirlandese. Due casi clamorosi in tempi recenti, di cui è stato protagonista ancora una volta Boris Johnson.

Sul Partygate forse converrebbe persino sorvolare se non fosse stato un clamoroso esempio della faciloneria con cui il governo si muoveva nei mesi tragici della pandemia. Vi immaginate se a Palazzo Chigi i nostri presidenti del Consiglio, prima Conte poi Draghi, avessero chiuso un occhio su brindisi e festini, dove "portare le proprie bevande" e fare baldoria? Anzi se avessero partecipato di persona, proprio mentre il Paese era sotto rigido lockdown? Ovviamente non sarebbe pensabile. A Downing Street invece è successo proprio questo. Persino che il primo consigliere del governo, Dominic Cummings, andasse lontano da Londra con la famiglia violando i divieti di spostamento nelle settimane più dure. Lo ha fatto ripetutamente, tra Durham, dove abitano i genitori, e il castello di Barnard visitato con moglie e figlio, 400 chilometri di distanza dalla sua residenza e ufficio, dove in teoria era vincolato a rimanere dalle norme del lockdown.

Ci sarebbe da buttarla sul ridere se non arrivassero ancora oggi le indignate testimonianze di genitori o figli che in quelle stesse settimane non hanno potuto dare l'ultimo saluto ai loro cari a causa delle restrizioni, violate allegramente dal governo.

Sia sulle feste, sia sui viaggi di Cummings ci sono state indagini di Scotland Yard. È finita con sanzioni solo amministrative perché le norme non prevedevano conseguenze penali per i trasgressori. Sul versante giudiziario Johnson se l'è dunque cavata agevolmente, multa di 50 sterline, nonostante abbia partecipato almeno a sei dei brindisi e delle feste incriminate.

Pagata la sanzione, per lui tutto dunque si poteva considerare chiuso. Peccato che nel frattempo si fosse ingarbugliato in smentite e mezze verità, piroette verbali nei *question time* alla Camera dei Comuni e davanti alla Commissione di indagine parlamentare. Prima aveva negato ogni violazione delle norme, poi aveva detto che non ne sapeva nulla e che i responsabili sarebbero stati puniti. Poi aveva cominciato ad ammettere e a scusarsi a profusione. Insomma, oltre alle feste aveva anche mentito o fuorviato il Parlamento. Un crimine molto più grave, che ha segnato la sua sorte politica.

L'esempio viene sempre dall'alto. Johnson passerà alla storia come il primo capo di governo inglese a essere stato sanzionato per avere violato la legge durante il mandato. La resa dei conti comunque è arrivata. I suoi modi disinvolti, il disprezzo delle regole, le nomine di personaggi discussi in posti chiave avevano superato ogni limite. Il 7 luglio 2022 è stato costretto a gettare la spugna da una ondata di dimissioni dal governo e dal partito. Restò fino a settembre solo per le lunghe procedure con cui il partito scelse il successore

Pacta sunt servanda?

La *rule of law*, la certezza del diritto, l'hanno insegnata al mondo proprio gli inglesi. In Inghilterra infatti per la prima volta i nobili costrinsero un re a firmare una carta di impegni che ne limitava il potere. Non sarebbe stato più assoluto e arbitrario, ma condizionato da regole. La Magna Charta ha ancora adesso un valore simbolico potente: nonostante i rivolgimenti della storia, i tradimenti e le violazioni in secoli turbolenti, il senso del dovere e del rispetto delle regole è rimasto nel DNA di questo popolo, fiore all'occhiello e biglietto da visita del carattere nazionale. Dalle code per strada o nei negozi fino al *fair play* sportivo. Per questo in molti hanno guardato con sgomento allo spettacolo offerto di recente, in piccolo dal Partygate e in grande dalla vicenda del Protocollo nordirlandese. Episodio questo molto più grave.

Giusto un cancelliere tedesco come Theobald von Bethmann-Hollweg, in carica durante il primo conflitto mondiale, poteva permettersi di affermare che «i trattati sono pezzi di carta». Tra l'altro lo disse proprio a un ambasciatore di Sua Maestà britannica, la sera della dichiarazione di guerra nel 1914.

Inaccettabile che a pensarlo oggi sia stato un premier inglese. Invece è proprio quello che ha fatto sospettare il comportamento di Boris Johnson. Occorre fare un passo indietro all'estate del 2019. Come abbiamo visto la premier Theresa May era in chiara difficoltà. Non riusciva a chiudere con Bruxelles l'accordo di recesso per l'uscita dall'Unione Europea. Motivo: proprio l'Irlanda del Nord e quello che abbiamo chiamato il suo Comma 22. Come fare a: 1) evitare il ritorno a un confine controllato tra le due Irlande per non compromettere l'accordo di pace del

1998; 2) proteggere nello stesso tempo il mercato unico europeo da importazioni irregolari; 3) tutelare l'integrità nazionale del Regno Unito escludendo controlli doganali tra Gran Bretagna e Irlanda del Nord. Non se ne esce.

Backstop e altri misteri

La soluzione raggiunta dalla delegazione britannica nelle trattative con Bruxelles, guidata dal ministro per la Brexit Dominic Raab, fu il cosiddetto *backstop*. In attesa di una soluzione definitiva non soltanto l'Irlanda del Nord ma tutto il Regno Unito rimaneva nell'Unione doganale europea. Di conseguenza sarebbero rimasti in vigore norme e standard europei, le regole sui prodotti, sugli aiuti di Stato, sulla competizione e così via. Un scelta inaccettabile ovviamente per chi voleva un taglio netto e mani libere dall'Unione, per cui gli oltranzisti alzarono di nuovo la voce, denunciando che quella sarebbe stata una Brexit di nome e non di fatto. Il *backstop* era temporaneo, ma rischiava di durare all'infinito. Theresa May si impiccò al suo stesso albero. Aveva sempre detto che «*Brexit means Brexit*», la Brexit significa Brexit, cioè appunto essere fuori, rescindere i legami con l'Unione Europea e il suo castello di norme e regolamenti. Il *backstop* contraddiceva questo impegno.

Operazione impossibile dunque far approvare questa norma in Parlamento, dove il suo governo dipendeva dai voti proprio degli unionisti nordirlandesi.

Il DUP pose il veto. Molti conservatori dell'ala dura non aspettavano altro, i laburisti pure. L'accordo con Bruxelles fu bocciato dal Parlamento, una, due, tre volte. La fronda anti-premier montava. Un primo tentativo di voto di sfiducia nei suoi confronti fallì nel novembre 2018. May ripresentò più volte la proposta in aula ma ne uscì sempre sconfitta. Nel frattempo fu costretta a chiedere una serie di proroghe alla data di uscita dall'Unione Europea. La situazione diventò sempre più imbarazzante, sia in Parlamento sia verso Bruxelles. Non fu rispettata la scadenza "naturale" del 29 marzo 2019, due anni dopo l'avvio della procedura. Furono chieste proroghe prima al 12 aprile, poi al 31 ottobre. Il Regno Unito finì nelle vignette dei caricaturisti come un gattino che dopo avere grattato la porta di casa per uscire in cortile rimaneva indeciso sulla soglia.

I ritardi ebbero una conseguenza paradossale. Anche nel Regno Unito si svolsero infatti le elezioni europee del 23 maggio 2019, con esiti prevedibili. Sull'onda del discredito piovuto sul governo May e dell'esasperazione per incertezze e ritardi, il Brexit Party, ex UKIP, sempre con Farage leader, balzò addirittura al primo posto, con il 30 per cento dei voti. Sconfessione clamorosa per il governo: il voto europeo si era trasformato in un plebiscito per la Brexit. La politica britannica era nel caos, gli unionisti nordirlandesi gridavano al tradimento, la fronda anti-May dei conservatori euroscettici prima scalpitò, poi si scatenò pubblicamente. I deputati dell'ERG (European Research Group) sostenevano che sarebbe stato meglio andarsene senza accordo, sbattendo la porta e mandando a quel Paese i burocrati di Bruxelles. «Uscire applicando le normali tariffe del WTO (Organizzazione Mondiale del Commercio)», predicava da tempo ad esempio il deputato Jacob Rees-Mogg «ridurrebbe del 20 per cento il costo di alimentari, vini e vestiti in Gran Bretagna». Chissà da dove ricavava queste previsioni. Il governo sapeva che non era così, sarebbe stato un disastro non mantenere il libero scambio, ma era ormai troppo indebolito per fare argine. A capo della rivolta anti-May si pose ovviamente il suo ministro degli Esteri, Boris Johnson, che mirava a sostituirla. A fine maggio la premier si dimise da leader del partito. Poi nel giugno 2019 anche da capo del governo. Johnson divenne leader e si insediò a Downing Street, coronando il sogno che accarezzava fin da bambino.

In tutti quegli anni aveva perseguito la strategia di cavalcare la Brexit, spiazzando prima Cameron e poi May, costruendo il suo momento magico con spregiudicatezza e intelligenza politica. Arrivato finalmente alla meta, si trovava però di fronte lo stesso dilemma che aveva tormentato Theresa May: la questione nordirlandese. Alla Camera dei Comuni gli unionisti DUP erano pronti a sabotare qualunque intesa che riproponesse il *backstop*. Anche con lui premier la situazione dunque era destinata a un nuovo stallo.

Cambiare tutto perché nulla cambi

Anche oltremanica la politica è l'arte del possibile, soprattutto se ci si affida a un consigliere come il già citato Dominic Cummings, il Rasputin di Boris.

Johnson cominciò così a rinegoziare con Bruxelles l'accordo di May. Il Regno Unito sarebbe uscito completamente dal mercato unico europeo e anche dall'Unione doganale. L'Irlanda del Nord invece rimaneva di fatto all'interno dell'area commerciale dell'Unione e allineata alle normative di Bruxelles. Il testo era scritto con abilità, vi si legge che le sei contee erano parte dell'area doganale britannica, ma rispettando le norme e gli standard del mercato unico, una contraddizione di termini per confondere le idee sul punto chiave: i controlli doganali dovevano essere effettuati sul Mare d'Irlanda. Una merce dall'Inghilterra o dalla Scozia o dal Galles diretta a Belfast avrebbe dovuto superare l'esame delle norme europee, soprattutto veterinarie, fitosanitarie e così via. Per gli unionisti nordirlandesi peggio di prima, insomma, poiché si sanciva che in Irlanda del Nord le norme erano diverse rispetto al resto del Regno Unito. Un passo in avanti verso l'aborrita unificazione con la Repubblica di Dublino, parte dell'Unione Europea.

Il premier in Parlamento presentò ovviamente l'intesa come una vittoria storica. Ripeté più volte che non ci sarebbero stati controlli doganali sul Mare d'Irlanda per le merci tra Belfast e il resto del Paese, giurò che l'integrità territoriale non era in pericolo e che la sovranità delle leggi britanniche valeva anche per l'Irlanda del Nord. Gli unionisti però questa volta non abboccarono, si ricordavano bene che lo stesso Johnson nel 2018 aveva partecipato al loro congresso dichiarando che Theresa May stava facendo «un errore storico». «Nessun governo britannico», aveva detto enfaticamente, «può o dovrebbe firmare una intesa che preveda controlli regolamentari o persino doganali tra parti del Regno». Diventato premier, il "nuovo" Johnson era pronto invece a rimangiarsi tutto.

Senza i voti del DUP nemmeno lui però aveva la maggioranza. Si ricordò allora dei suoi studi classici: quando il nodo è troppo stretto da sciogliere, meglio tagliarlo, come fece Alessandro Magno con quello di Gordio. Indisse così nuove elezioni anticipate, da tenere entro l'anno. Nel frattempo era stato costretto a chiedere un'altra proroga all'uscita, fino al 31 gennaio 2020. Il voto politico fu fissato il 12 dicembre. Il grido di battaglia *"Get Brexit done"* fece presa su un Paese stanco delle lungaggini. La gente chiedeva ormai solo di chiudere quel capitolo lacerante e infatti la maggioranza degli elettori votò di conseguenza. Johnson portò i conservatori alla più larga vittoria dal 1987, epoca Margaret Thatcher. Votarono per i tories anche circoscrizioni che non l'avevano mai fatto, come quelle tradizionalmente "rosse" del Red Wall, nel Nord Inghilterra. Con i suoi ottanta deputati in più Johnson poteva ormai far approvare agevolmente l'accordo di uscita dall'Unione Europea.

Così è se vi pare

La mossa del cavallo aveva dunque funzionato, sia per disarcionare Theresa May sia per avere una Camera dei Comuni pronta ad approvare il nuovo accordo entro la scadenza di fine gennaio. Si arrivò così al Brexit day, che abbiamo descritto all'inizio. Cosa c'entra questo lungo riepilogo con il mancato rispetto delle regole? Semplice: gli sviluppi successivi della questione nordirlandese fanno sospettare che anche per Johnson i trattati siano soltanto pezzi di carta. Il 2020 fu totalmente monopolizzato dalla pandemia, le nuove norme post-Brexit scattarono definitivamente nel gennaio 2021. Le autorità britanniche avrebbero dovuto dunque introdurre i controlli sulle merci in ingresso nell'Irlanda del Nord, anche quelle provenienti dal resto della Gran Bretagna, con il conseguente pagamento di dazi laddove richiesto dalle norme europee. Ci volevano spazi attrezzati e personale. Nulla è stato fatto. Nell'incertezza gli scaffali dei supermercati nordirlandesi si svuotavano e si creavano curiosi disservizi per prodotti sottoposti a controlli speciali, in particolare piante o molluschi e crostacei. Cozze e vongole dal Galles o dalle coste della Manica non arrivavano più se non dimostravano di essere in regola con gli standard europei. Gli unionisti, furiosi, continuavano a protestare, sia per la violazione dell'integrità nazionale sia per le lungaggini nell'arrivo e nella spedizione delle merci.

Il ministro per la Brexit ed ex capo negoziatore britannico David Frost cominciò a dire pubblicamente che l'accordo non funzionava e andava cambiato. Da Bruxelles ricordavano irritati che era stato appena firmato. Si aprirono comunque nuove trattative, che portarono ad ammorbidire alcuni aspetti, per facilitare l'interscambio soprattutto di alimentari e medicinali. Sul fronte britannico comunque di controlli nemmeno l'ombra. Anzi il governo Johnson annunciò una legge per modificare unilateralmente il Protocollo, presentata nel maggio 2022.

Poco dopo l'allora ministra degli Esteri, con competenza sulla Brexit, Liz Truss minacciò di ricorrere all'articolo 16 dell'accordo, che prevede la possibilità di recedere dall'intesa. In questo caso Bruxelles avrebbe potuto rispondere con sanzioni economiche.

Solo l'intervento della Casa Bianca ha evitato che la tensione salisse proprio mentre la guerra in Ucraina richiedeva la massima compattezza. Al di là della complessità della materia tutta la vicenda lascia l'amaro in bocca. Il governo inglese ha davvero messo sul tavolo delle trattative la pistola carica, cioè una legge nazionale che violava palesemente il trattato internazionale appena firmato con Bruxelles.

La disinvoltura – eufemismo – di Boris Johnson ha così mandato in frantumi anche l'immagine granitica di un Paese sempre affidabile e rigoroso, pronto a pagare le conseguenze degli accordi, anche se sgraditi, pur di rispettarli. Nel breve periodo di governo Truss la linea di duro confronto con Bruxelles è stata la stessa, poi con l'arrivo del pragmatico Rishi Sunak il clima è cambiato. Le trattative sono riprese subito, a fine febbraio 2023 il premier e la presidente della Commissione Europea Von der Leyen annunciavano il nuovo accordo. Ma l'impressione che i governi del Regno Unito siano pronti a stracciare gli impegni appena sottoscritti lascia un segno profondo. E sgradevole.

Tanto gentile e tanto onesta pare

Compassionate, compassionevole, è una parola chiave nel lessico della vita pubblica britannica. Lo è ad esempio il servizio sanitario: "NHS compassionevole e inclusivo" recita il suo slogan. A ragione. Il servizio pubblico inglese, nato nel 1948 sulla spinta egualitaria promossa dal sacrificio dell'intera popolazione nella Seconda guerra mondiale, ha insegnato al mondo che la sanità è un diritto del cittadino, di tutti i cittadini, basato sui bisogni del paziente, non sulla sua capacità di pagare le cure.

Compassionate si vanta di essere il partito conservatore. Quello che ai tempi della Thatcher era soprannominato *the nasty party*, il partito cattivo, da Cameron in poi è tornato alla politica di *"one nation"*. Un'unica nazione dunque, conservatorismo sociale di cui anche l'attuale premier Rishi Sunak si è dichiarato fautore. Una politica magari paternalistica ma solidale e *compassionate*. Lo ha detto chiaramente nel novembre 2022 il suo Cancelliere dello Scacchiere Jeremy Hunt presentando la prima manovra economica del nuovo governo: «Proteggeremo i più vulnerabili perché essere britannici significa essere compassionevoli e questo è un governo compassionevole».

Che le parole spesso non corrispondano alla realtà è altra faccenda. Qui interessa l'immagine che il Regno Unito ha sempre dato di sé, facendo vanto, ad esempio, di un atteggiamento di grande accoglienza per chi fugge da guerre e persecuzioni. Rifugiati politici e profughi umanitari da tutto il mondo. Il Paese è stato disponibile anche a una massiccia immigrazione economica, per interesse nazionale e per tradizionale apertura del sistema. Basta guardare alla composizione della popolazione per capire che è vero.

Nel secondo dopoguerra in Inghilterra sono arrivati milioni di immigrati dalle ex colonie. Poi ci sono state altre ondate: dai Paesi europei grazie alle norme di libera circolazione, dai Paesi arabi dei petrodollari e dalle fasce più ricche di russi e cinesi. Così la fotografia anagrafica della Gran Bretagna, come l'ha registrata l'ultimo censimento del 2021, è decisamente multietnica. Ormai meno dei tre quarti (74,4 per cento) dei cittadini si identifica nella definizione di "bianchi britannici". Quasi il 10 per cento (9,3) si dichiara di origine asiatica, in aumento di un milione e 300.000 rispetto al censimento di dieci anni prima. Subito dopo si piazza il gruppo degli "altri bianchi" come noi europei: 6,2 per cento e quasi 4 milioni.

Anche noi siamo migranti, cittadini acquisiti. Quindi ci sono i residenti di origine africana o caraibica, 2,5 per cento, pari a un milione e mezzo. E così via. Impressionante poi la diversità etnica di Londra. Nella megalopoli che è capitale del Regno, con i suoi quasi nove milioni di abitanti, i bianchi britannici sono la minoranza: 45 per cento nel censimento 2011, 37 per cento in quello 2021. Non stupisce che il sindaco in carica – rieletto una seconda volta – sia il laburista Sadiq Khan, origini pachistane.

E dunque aveva ragione Boris Johnson a ripetere ancora nell'aprile 2022 che «il Regno Unito è stato nella storia e ancora è un faro di apertura e generosità». Lo sanno bene tutti coloro, europei inclusi, che hanno potuto fare domanda di cittadinanza dopo soli cinque anni di residenza.

Ambiente ostile, dai Caraibi alla Manica
In realtà l'ex premier usò queste orgogliose parole proprio mentre annunciava una stretta contro l'immigrazione illegale, un nuovo Immigration Act che di compassionevole non ha nulla, se non i toni ipocriti. Misura chiave: l'espulsione immediata di chi arriva illegalmente. In alternativa c'è la deportazione in Ruanda in attesa dell'esame della domanda di asilo. È il nuovo, drastico, deterrente per chi sbarca sulla costa inglese attraversando la Manica. Di solito i punti di approdo sono nella contea del Kent: scafisti

e organizzazioni criminali taglieggiano i migranti come nel Mediterraneo. Forse di più, perché per arrivare così a nord ci vogliono molti più soldi. Allo stretto di Dover le due coste della Manica distano solo 34 chilometri, 18 miglia marine. Meglio del canale di Sicilia per chi tenta la traversata, nonostante i rischi dell'intensissimo traffico navale e del meteo spesso inclemente.

Di fronte alle nuove norme viene il dubbio che anche l'uso frequente del termine "compassionevole" sia un altro esempio di orwelliano *doublethink*.

D'altronde l'immagine di Paese accogliente e tollerante già strideva in passato con la politica del cosiddetto *hostile environment*, l'ambiente ostile creato una dozzina di anni fa dalla moderata Theresa May, allora ministra degli Interni del governo Cameron. Erano gli anni in cui Farage e il suo UKIP cominciavano a guadagnare ampio peso elettorale, agitando lo spettro dell'emergenza immigrazione.

Nel 2014 sarebbe scaduta l'esenzione che aveva evitato al Regno Unito di aprire subito le frontiere britanniche ai cittadini dei nuovi Paesi membri dell'Unione europea, Romania e Bulgaria. Cameron si era già impegnato a non ammettere più di centomila nuovi residenti all'anno. La sua ministra degli Interni cercava dunque strumenti per frenare i flussi: furono introdotti controlli di immigrazione sugli affitti, sui conti bancari, sulla sanità e sui benefit sociali. Quello che prima era gratuito per ogni residente divenne a pagamento per i nuovi arrivati, tranne gli europei che erano tutelati dalle norme comunitarie. Si allargò il divario con gli immigrati extracomunitari.

Nell'estate del 2013 si cominciò con la pressione psicologica. Furgoni bianchi percorrevano le strade dei quartieri più multietnici di Londra con la scritta "Siete illegali? Tornate nel vostro Paese o rischiate l'arresto". Nome in codice: "Operazione Vaken". Obiettivo: spaventare chi non aveva documenti in regola. Target: i clandestini, ma il messaggio era poco rassicurante per qualunque straniero. Durò una sola estate. Furiose furono le polemiche: l'opposizione in Parlamento e le associazioni per i diritti civili fecero fronte comune, indignati anche per il messaggio subliminale del nome, *Vaken*, che in svedese significa "risveglio". Non fu mai chiarito perché si scelse un termine così strano. Molto *unbritish*, vagamente neonazista. Il ricordo di quei furgoni è ancora vivo nella memoria di molti, tra Hackney e Brixton, Southgate e Tower Hamlets, quartieri a larga maggioranza di origine asiatica o caraibica.

I risvolti più pesanti della linea dura anti-immigrazione furono chiari poco dopo nello scandalo cosiddetto *Windrush*, che venne alla luce nel 2018, ma aveva preso il via proprio nel 2013/2014. Mentre la regina Elisabetta, capo del Commonwealth, riuniva come sempre i rappresentanti delle ex colonie nei periodici vertici dell'organizzazione, centinaia di cittadini di origine caraibica venivano arrestati in Inghilterra come immigrati clandestini, minacciati di deportazione e detenuti in attesa dell'esito dei ricorsi. Una ottantina di loro finì illegittimamente espulsa: effetto della ottusità burocratica, peggiorata dai tagli al personale del ministero degli Interni che costrinse ad affidare a società esterne le verifiche di cittadinanza.

Dai Caraibi senza amore

Windrush era il nome della prima nave approdata a Londra dalla Giamaica nel dopoguerra, nel 1948. Da allora in poi, dalle ex colonie dei Caraibi arrivarono nel Regno Unito centinaia di migliaia di persone: la ricostruzione post-bellica e la ripresa industriale del Paese esigevano manodopera e la legge dell'epoca sull'immigrazione riconosceva a chi fosse nato nelle ex colonie lo status di "soggetto britannico" con diritto alla residenza permanente. In totale furono oltre mezzo milione fino al 1973, quando le norme divennero più restrittive.

Decenni dopo, in base alle norme proposte da Theresa May nel 2012 e ratificate dal Parlamento con l'Immigration Act del 2014, fu richiesto agli stranieri residenti, anche quelli provenienti dai Paesi del Commonwealth, di dimostrare che erano entrati legalmente nel Regno. Un modo per stringere le maglie, ma di fatto un altro Comma 22 poiché lo stesso ministero degli Interni aveva nel frattempo distrutto gran parte dei visti di ingresso di mezzo secolo prima. Agli interessati si richiedeva ora di produrre documentazione per ogni anno trascorso in Inghilterra e fino ad accertamenti conclusi erano considerati illegali: perdevano i diritti dei residenti, potevano essere buttati fuori dalle case popolari, non potevano più firmare un contratto d'affitto né registrarsi dal medico di base o aprire un conto in banca, cambiare lavoro o rinnovare la patente. Un incubo per migliaia di britannici di origine caraibica.

Una storia vera racconta più di tante spiegazioni. Anthony Williams approdò in Inghilterra dalla Giamaica quando aveva sette anni con la famiglia, donna delle pulizie la madre, operaio il padre. Era il 1971, i genitori trovarono lavoro, all'ospedale di Birmingham e alla fabbrica Leyland di Longbridge. Anthony studiò, si arruolò nell'esercito, servì nei reparti della Royal Artillery. Nel 2013 gli furono richiesti i documenti di primo ingresso nel Paese. In attesa di una impossibile prova fu dichiarato illegale. Licenziato, per cinque anni non poté fare domanda di lavoro o chiedere i sussidi sociali, perse l'assistenza sanitaria e la casa assegnata dal Comune. Alla fine, dopo cinquantun anni Williams preferì andarsene volontariamente dal Regno Unito nonostante nel frattempo la sua situazione fosse stata chiarita.

Ad altri finì anche peggio. Centinaia furono detenuti in attesa di chiarimenti. Ci furono ricorsi a raffica, per chi si poteva permettere un avvocato o aveva il sostegno di associazioni di assistenza legale. Un cortocircuito burocratico che portò alla deportazione di decine di persone, rispedite in Paesi che solo teoricamente erano quelli d'origine, dato che al massimo vi avevano trascorso qualche anno da bambini. Insomma un grande pasticcio e un dramma umano terribile per le famiglie colpite. La macchina del ministero e delle agenzie esterne incaricate delle verifiche andò avanti per alcuni anni finché il numero delle persone considerate ingiustamente clandestine divenne molto ampio e catturò l'attenzione dei media.

La prima a occuparsene fu Amelia Gentleman del *Guardian*, che per quest'inchiesta ha vinto una raffica di premi e riconoscimenti, tra cui guarda caso quello intitolato a George Orwell. A proposito di *doublethink* sul Paese compassionevole.

Ci volle tempo per fermare i funzionari dell'Home Office e il loro braccio operativo privato. Agenzie come il gruppo Capita, colosso dell'outsourcing nel settore pubblico, attivo nella sanità, nella difesa, nella gestione delle carceri. Erano i suoi anonimi impiegati a mandare le lettere con cui comunicavano ai destinatari che avrebbero dovuto lasciare il Regno Unito perché sprovvisti di valido permesso di soggiorno. Da quelle lettere partiva l'iter di espulsione: Kafka e Orwell insieme. Protestarono gli ambasciatori dei Paesi caraibici, i loro leader si fecero sentire nei vertici del Commonwealth e lo scandalo suscitò così tante reazioni indignate da costringere alle dimissioni nel 2018 la ministra degli Interni, Amber Rudd. Nel frattempo Theresa May era diventata premier e lo sarebbe stata fino all'anno successivo. Nel 2020 il rapporto finale della commissione d'inchiesta denunciò la vicenda come inevitabile conseguenza delle sue politiche sull'immigrazione e fu stabilito il diritto a risarcimenti, che finora in pochi hanno ricevuto.

Deportation, *espulsione,* ausweisen
Il vizietto della *deportation* deve essere d'altronde diffuso nelle direttive del ministero degli Interni britannico. In italiano si traduce con "espulsione", meglio non usare "deportazione" per gli immigrati. Il termine invece resiste in inglese, visto che oltremanica non hanno il retaggio storico dei lager. In tedesco *deportieren* non si usa assolutamente più, sostituito da un neutro *ausweisen* o *abschieben.* Ma gli inglesi hanno vinto la seconda guerra mondiale e non hanno remore a parlare di *deportation.*

Ne sanno qualcosa i cittadini europei, regolarmente residenti oltremanica, che nell'estate del 2019 si videro recapitare una lettera del ministero con cui erano invitati a lasciare il Paese. "Altrimenti rischiate di essere deportati". Il testo specificava che se non se ne andavano potevano essere detenuti sulla base delle norme di immigrazione. La lettera arrivò a un centinaio di persone. Ovviamente fu un errore, fotocopia di quello fatto con la generazione Windrush. «Uno sfortunato errore» ammise la premier Theresa May. Ancora lei. Le norme sulla libera circolazione erano ancora in vigore e già si poteva fare domanda del *settled status*, la residenza permanente. In nessun caso dunque gli europei potevano essere "deportati". Errore ammesso subito, con scuse parlamentari, ma anche questo incidente era frutto di un retropensiero ostile e ideologico, oltre a confermare l'inadeguatezza della macchina burocratica dell'Home Office.

Su note più liete va citato l'esilarante episodio che riguardò proprio gli italiani nel 2016, anzi soprattutto i napoletani e siciliani. Nei moduli di iscrizione ad alcune scuole pubbliche in Inghilterra centrale e Galles si chiedeva di specificare l'etnia e la lingua madre. Gli italiani avevano il lusso di ben tre categorie: italiani, italiani-napoletani e italiani-siciliani. Evidentemente i tre gruppi erano considerati di etnia, lingua e costumi diversi, una distinzione che suscitò le ire delle comunità di nostri immigrati, particolarmente numerose in località come Bradford, Bedford o Manchester. L'allora ambasciatore Pasquale Terracciano, peraltro napoletano d'origine, inviò una garbata protesta: ricordava in punta d'ironia che l'Italia era un Paese unito dal 1861. Ovviamente anche in quel caso si trattava di un errore burocratico, le scuole avevano usato vecchi moduli d'altri tempi. Le scuse del Foreign Office, il ministero degli Esteri britannico, sanarono la controversia. Antipatica comunque, poiché scoppiata pochi mesi dopo il referendum Brexit, nel clima acceso di quel periodo. Si respirava davvero un'aria diversa per gli stranieri.

Incidenti, errori ammessi subito, scuse pronte. Ma sia ben chiaro che dopo il primo gennaio 2021 anche gli europei, se trovati a vivere nel Regno Unito senza visto di soggiorno, di lavoro o di studio sono soggetti a deportazione come qualunque altro clandestino. Possiamo comunque consolarci almeno sul piano lessicale. Nel nostro caso di tratterebbe solo di una "rimozione amministrativa" (*administrative removal*). Orwell approverebbe.

Il compassionevole Ruanda

Lunga digressione dunque per comprendere che l'opzione Ruanda non nasce per caso. Da tempo il Regno Unito non è il Paese "compassionevole" verso gli stranieri che i suoi leader continuano a descrivere, perché quegli stessi politici con la Brexit hanno iniettato nel corpo sociale germi xenofobi, prima stigmatizzati o almeno tenuti ai margini del dibattito pubblico.

La stretta sulle norme, le procedure di immigrazione più lunghe e complicate, i tempi d'attesa di anni per l'esame delle domande di asilo: sono probabilmente anche queste le cause dell'aumento degli arrivi clandestini oltremanica, esplosi numericamente, come abbiamo visto, negli ultimi anni. Eppure si sono susseguiti accordi con Parigi per coordinare i controlli delle coste, l'ultimo per ora è stato siglato nel novembre 2022: 62 milioni di sterline da Londra alle autorità francesi per pattugliamenti congiunti, rafforzamento della guardia costiera, uso di droni, protezioni rafforzate agli imbocchi del porto per i traghetti e dell'Eurotunnel per i treni. Deterrenti e misure di controllo che finora non sono servite a molto. Migliaia di clandestini vagano nella regione di Calais, dormono in tendopoli distrutte periodicamente dalla polizia francese e periodicamente ricostruite dai profughi. Gironi danteschi, al freddo con la neve gelata d'inverno, nel fango e nel caldo torrido d'estate. Questi fantasmi senza diritti aspettano un passaggio sui gommoni, taglieggiati da gruppi criminali che chiedono alcune migliaia di euro a testa. Di solito i clandestini arrivano fortunosamente a destinazione, non si sono registrate stragi paragonabili a quelle nel Mediterraneo, ma anche nella Manica non sono mancate le tragedie, come l'affondamento di un gommone nel novembre 2021, con una trentina di vittime. Chi approda in Inghilterra e non riesce a far perdere le tracce viene ovviamente detenuto nei centri per l'immigrazione illegale e attende lì di conoscere la propria sorte. In assenza di rotte legali, se la pratica richiede anni – da uno a tre – e la prospettiva è di finire espulso verso il Ruanda non si può certo parlare di politiche compassionevoli.

L'accordo con il governo di Kigali è un affare per il Paese africano. 120 milioni di sterline di finanziamento iniziale per accogliere i clandestini arrivati da 7.000 chilometri di distanza. I deportati dovrebbero aspettare lì l'esito della domanda di asilo. Tempi biblici a parte, in corso di valutazione spesso vengono richiesti documenti supplementari, difficili da procurare a distanza. Nel frattempo il Ruanda, che ha bisogno di manodopera, offre lavoro e sistemazione. L'invito insomma è a sistemarsi in Africa. Un biglietto di sola andata. Chi arriva illegalmente in Inghilterra ha però quasi sempre parenti oltremanica. L'inglese lo parlano un po' tutti, a maggior ragione chi è nato in una ex colonia. Se rischiano il viaggio sui gommoni è perché la loro meta è proprio l'Inghilterra.

Le convenzioni internazionali in ogni caso non permettono l'outsourcing del problema dei clandestini, che sono persone, non pacchi da far gestire dove è più conveniente. Lo hanno ripetuto in molti al governo inglese: il segretario dell'Alto Commissariato ONU per i diritti umani, l'italiano Filippo Grandi, la Commissione per i diritti umani del Consiglio d'Europa, lo stesso comitato bicamerale per i diritti umani del Parlamento di Westminster. Così finora il primo e unico volo a essere stato organizzato verso il Ruanda, nel giugno 2022, non è mai partito.

Per andare avanti senza intoppi su questa strada sarebbe meglio insomma uscire del tutto dagli accordi internazionali. Infatti Suella Braverman, ministra degli Interni del governo Sunak, ha chiesto apertamente di disdire l'adesione alla Convenzione europea sui diritti umani. Lo fece da candidata leader del partito conservatore, nell'estate 2022, e lo ha ripetuto da ministra al congresso di novembre. Posizione personale, per ora, che sta però prendendo piede tra commentatori e colleghi parlamentari. È infatti proprio la Convenzione europea, assieme alla Convenzione ONU sui rifugiati, a mettere i bastoni tra le ruote alle politiche sbrigative del Regno Unito verso i migranti. Ma questi accordi sono anche i baluardi di civiltà definiti dopo la Seconda guerra mondiale, con il contributo determinante proprio dei governi britannici, guidati allora da Clement Attlee e Winston Churchill, un laburista e un conservatore. Sui diritti umani, d'altronde, non ci dovrebbero essere divergenze politiche.

Il governo Sunak si è adoperato per ridurre i tempi di attesa per l'esame delle domande di asilo, una montagna di carte relative a 166.000 richiedenti. L'arretrato è raddoppiato negli ultimi diciotto mesi: dieci anni fa le domande in giacenza erano meno di un decimo di oggi, solo 12.000. Nel frattempo l'Alta Corte inglese ha respinto i primi ricorsi contro la nuova legge e il progetto Ruanda si è rimesso in moto. Ci saranno altri livelli di giudizio, fino alla Corte Suprema inglese e oltre. Intanto saranno programmati nuovi voli, che avranno maggiori possibilità questa volta di decollare.

Londra caput mundi

Il 2021 sembrava incoronare il nuovo Regno Unito. La "Global Britain" post-Brexit. Al premier Johnson non parve vero di ospitare nello stesso anno due eventi mondiali come il G7 e la COP26, il vertice annuale dei leader dei sette Paesi più industrializzati al mondo, nonché la Conferenza delle Nazioni Unite sul clima, che si tiene ogni due anni. A parte il G20, che si sarebbe svolto invece a Roma, gli appuntamenti internazionali più importanti dell'anno erano in programma proprio oltremanica. Johnson era l'uomo giusto al momento giusto, anfitrione per i potenti della terra.

La difesa dell'ambiente fu uno dei temi caldi – è proprio il caso di dirlo – anche nella riunione del G7. Cornovaglia, luglio 2021. Un tempo splendido accolse gli illustri ospiti e le carovane delle delegazioni nella cornice idilliaca di St. Ives, piccola gemma amata da Virginia Woolf. Ispirato dal panorama, Johnson azzardò il paragone con la costiera amalfitana. Mario Draghi rispose con un sorriso enigmatico. Il grande albergo di Carbis Bay era perfetto per ospitare le delegazioni. Lontano da centri abitati, quasi irraggiungibile, difeso dai blocchi stradali della sicurezza. Dopo i tragici fatti di Genova 2001 i vertici di questo tipo si svolgono sempre in località il più possibile remote. La maggior parte dei giornalisti e delle troupe televisive fu relegata a Falmouth, a un'ora di distanza. Io, il cameraman e il tecnico da Londra ci eravamo invece accampati a Penzance e lavoravamo vicino alla sede degli incontri.

La presenza della novantacinquenne regina Elisabetta fece la differenza in termini di immagine globale nell'accogliere i capi di Stato e di governo. Anche il principe Carlo, ambientalista della prima ora, fu un padrone di casa perfetto. E poi Boris Johnson, a magnificare le credenziali del Regno Unito come Paese campione di difesa ambientale e progresso sostenibile. L'attenzione maggiore fu dedicata comunque alla ripresa economica dopo il Covid e ai vaccini da destinare al Terzo Mondo per uscire definitivamente dalla pandemia.

Le decisioni sulla difesa ambientale sarebbero state al centro invece della COP26 a Glasgow, presenti anche Cina e India, i grandi inquinatori.

Dopo il fallimento di Madrid 2019 e il precedente rinvio della Conferenza causa Covid, l'attesa per il vertice climatico dell'ONU era altissima. Nell'enorme centro fieristico e congressuale, lo Scottish Event Centre, sulla riva del fiume Clyde, per due settimane andò in scena il teatro del mondo che cerca di dialogare e trovare soluzioni comuni a problemi comuni.

Dopo aver ampiamente contribuito al riscaldamento globale in passato, facendone pagare conseguenze al Sud del mondo, i Paesi sviluppati sono ormai quelli più virtuosi. In testa l'Unione Europea, che ha fissato il target di emissioni zero per il 2050, con un taglio del 55 per cento sui valori del 1990 già entro questo decennio (2030).

Da convincere sono piuttosto i nuovi inquinatori, Cina, India, Russia. La presidenza britannica, affidata all'ex ministro Alok Sharma, fece leva proprio sulla posizione di *world leader* del Regno Unito: leader mondiale nella tutela ambientale. Alla co-presidenza italiana venne affidato un ruolo preparatorio importante, con la Pre-Cop e quella dei giovani a Milano, anche se questo contributo fu poco riconosciuto nella Conferenza finale. Il governo Johnson si presentò all'appuntamento ricordando che il Regno Unito dal 1990 aveva tagliato di oltre il 40 per cento le emissioni nocive. «Più di qualunque altro Paese del G7» ripetevano i portavoce. Già nel 2019 aveva approvato una legge che impone l'obiettivo di emissioni zero in tutti i settori entro il 2050, la cosiddetta neutralità climatica. E così via, di primato in primato.

La fiera campionaria dei danni ambientali
Alla fine portarono frutti la capacità di mediazione di Sharma, l'abitudine a ospitare eventi internazionali, la consuetudine a trattare con delegazioni di tutto il mondo, la facilità di comunicare con tutti in inglese. Le due settimane di dibattiti e trattative dietro le quinte furono affascinanti anche per gli osservatori, come noi giornalisti. Il centro congressi sembrava una grande fiera campionaria, dove però gli stand, i progetti e le iniziative non esponevano merce, ma drammi ambientali, che spesso sfuggono all'attenzione di noi occidentali. La forza di testimonianze come quella della premier di Barbados Mia Mottley o di uno studente delle isole Tuvalu nel Pacifico ci fecero dimenticare il caos dei primi giorni. La prima donna alla guida dello stato caraibico, una monumentale signora di colore, aveva appena traghettato il proprio Paese verso la

forma repubblicana, abbandonando la monarchia inglese. Tuonò dal palco di Glasgow che persino due gradi in più di temperatura globale erano «una condanna a morte» per la sua isola. Esattamente come per l'arcipelago polinesiano di Tuvalu: «Già cinque delle nostre isole sono scomparse sott'acqua» raccontò quasi in lacrime il giovane attivista Bernard Ewekla. «Le parole non bastano per la sopravvivenza del nostro popolo» ammonì.

Voci che davano il senso concreto dell'emergenza. Li ascoltavano i rappresentanti dei Paesi più grandi. I delegati del mondo ricco erano sul banco degli imputati, senza filtri, in prima persona. Il mondo era a Glasgow, Russia compresa. Appena entrati nel centro fieristico si respirava l'atmosfera di un evento cruciale, che faceva dimenticare le code chilometriche per i controlli di sicurezza, i punti di ristoro insufficienti e i pochi taxi a disposizione per chi come noi aveva attrezzature pesanti. Almeno il meteo scozzese ebbe pietà di noi, le giornate furono fredde ma terse e senza pioggia. Forse gli dei locali volevano così scusarsi per la disorganizzazione e i costi proibitivi di pernottamento. In quei giorni Glasgow era più cara di Positano ad agosto. Un problema grave per gli attivisti e i rappresentanti delle centinaia di associazioni non governative accreditate, che devono fare i conti con budget risicati. Molti furono costretti a dormire in bed and breakfast a ore di distanza. Gli scozzesi non smentirono la propria fama e fecero affari d'oro.

La posta in gioco era altissima: la salute del pianeta. Giustificava ogni sacrificio dei partecipanti e dei manifestanti, in strada e nelle piazze. Il braccio di ferro sulla dichiarazione finale durò fino all'ultimo e infatti la conclusione dei lavori fu rinviata di un giorno. Le nostre dirette tv divennero sempre più frequenti e frenetiche. La Conferenza poteva concludersi con un passo avanti o con un fallimento. Era quasi in lacrime, esausto, Alok Sharma, quando alla fine annunciò l'accordo, di sabato sera, quando le delegazioni erano già pronte a partire. La Presidenza britannica ingoiò anche un colpo basso dell'ultimo minuto pur di coinvolgere nell'accordo tutti i quasi 200 Paesi presenti: un emendamento dell'India annacquò l'impegno a eliminare l'uso del carbone. Un cambio di termini, ma sostanziale: i delegati di New Delhi proposero di sostituire il termine *phase-out*, cioè eliminazione graduale, con *phase-down*, cioè riduzione graduale del carbone. Una carta buttata sul tavolo all'ultima mano da chi aveva interesse a non subire impegni troppo vincolanti. L'India minacciò di far saltare il banco se la proposta non veniva accolta. Accettato il compromesso, il resto fu poi salvo. Se Madrid 2019 e poi anche Egitto 2022 non hanno portato a grandi passi avanti, il Patto di Glasgow sul clima aveva il pregio di rimettere in carreggiata l'obiettivo di Parigi 2015. Almeno a parole tutti erano così coinvolti nel traguardo comune: non superare il grado e mezzo in più della temperatura terrestre rispetto al periodo pre-industriale.

Furono decise anche importanti novità sui finanziamenti. La cosiddetta "finanza climatica" ricevette una spinta energica dall'inviato speciale delle Nazioni Unite Mark Carney, già governatore della Banca d'Inghilterra. Innanzitutto ricordò che entro il 2020 si sarebbero dovuti elargire cento miliardi di dollari per la transizione energetica e i Paesi ricchi inadempienti si impegnarono a versare le proprie quote. Carney spinse poi per il coinvolgimento dei privati. «Una alleanza tra 450 banche e finanziarie di 45 Paesi, che si sono dette disponibili a intervenire» raccontava ai nostri microfoni l'ex governatore, promotore della cosiddetta "Alleanza finanziaria per emissioni Zero".

Si passò poi a discutere i risarcimenti ai Paesi già colpiti dai cambiamenti climatici. Punto dolente e delicatissimo in chiave post-coloniale. Si è preparato così il terreno per riconoscere il principio delle compensazioni ai Paesi in via di sviluppo, ratificato nella successiva COP 27. In Egitto l'anno seguente sarebbe stato varato infatti un Fondo di finanziamenti ai Paesi del Sud del mondo, impossibile senza il lavoro fatto in Scozia. Boris Johnson arrivò a dire che Glasgow era «l'inizio della fine del cambiamento climatico». Non lo era, ovviamente, ma la conclusione della Conferenza sanciva un ruolo britannico di leadership sul tema più cruciale per il futuro di tutto il mondo. Quale miglior biglietto da visita per la *Global Britain*!

Il bianco paradiso del carbone
Solo un anno dopo, lo scenario era già completamente diverso. Il governo di Rishi Sunak ha annunciato la riapertura di una miniera di carbone, la prima dopo trent'anni. Produrrà 2,8 tonnellate di carbone coke destinato all'industria dell'acciaio. Creerà cinquecento posti di lavoro in Cumbria, in una località che si chiama in modo inconsciamente ironico: Whitehaven. Diventerà dunque meno bianco, visto che la miniera produrrà anche 400.000 tonnellate di emissioni nocive all'anno. Come se nel traffico inglese venissero immesse 200.000 nuove vetture. L'annuncio del ministro Michael Gove arrivò alla vigilia della nuova Conferenza ONU sul clima. Era il novembre 2022, si aprivano i lavori della COP27 a Sharm El Sheik, la presidenza di turno era infatti passata all'Egitto. Il governo inglese insomma non aspettava altro per avviare il controverso progetto. Con una buona dose di ipocrisia si sottolineò che il carbone verrà venduto ad altri Paesi, quindi non sarà "bruciato" in patria. Anche perché di acciaierie in Gran Bretagna ne sono rimaste ben poche. Un salvagente è stato lanciato anche per l'obiettivo di emissioni zero entro il 2050: si prevede che la nuova miniera verrà chiusa nel 2049. Chi vivrà vedrà. Sul ritorno al carbone chi è senza peccato scagli la prima pietra. Anche altri Paesi sono tornati sui loro passi, l'Inghilterra non può però arrogarsi il ruolo di leader mondiale e fare subito marcia indietro. Greenpea-

ce ha commentato: «Il Regno Unito è una superpotenza mondiale in ipocrisia climatica».

Nemesi storica poi che sia proprio un governo conservatore a riaprire una miniera di carbone. Lo sciopero dei minatori nel 1984-85 segnò una svolta nella storia del Regno Unito. La premier Thatcher piegò i lavoratori con i suoi no alle richieste di aumenti salariali, dopo quella che fu l'agitazione sindacale più lunga mai organizzata nella storia. Ci furono sanguinosi scontri di piazza, manifestanti da una parte, poliziotti in assetto di antisommossa e a cavallo dall'altra, ed è rimasto nell'immaginario collettivo anche grazie a film come *Grazie Signora Thatcher*, *The Full Monty*, *Billy Elliot*. Le Trade Unions per decenni non si sono più riprese e il carismatico leader del NUM, Unione Nazionale dei Minatori, Arthur Scargill, per molto tempo non ha avuto eredi. Almeno fino all'inverno tra il 2022 e il 2023, quando la raffica di scioperi, dalle ferrovie alla sanità, ha mostrato che i sindacati contano ancora nella rappresentanza sociale britannica.

Ora dunque si ricomincia: violando accordi e promesse ambientaliste, si riapre la stagione del carbone. Londra non deve più sottostare alle norme europee che lo vieterebbero.

Non fosse scoppiata la guerra in Ucraina, con l'impazzimento dei prezzi del gas, non ci sarebbe stata probabilmente questa inversione a U nella politica energetica inglese. La questione non riguarda solo il carbone: prima di andarsene dopo il suo governo-lampo, Liz Truss ha fatto di tutto per far approvare il via libera alla tecnologia del *fracking*, per lo sfruttamento dei giacimenti sotterranei. Una scelta in aperto contrasto con il programma elettorale del 2019, che garantiva una moratoria per l'intera legislatura, dal momento che sussistono molti dubbi su questa controversa tecnica di estrazione degli idrocarburi dalle rocce bitumose, invasiva e rischiosa per il territorio. Ovviamente anche questa è una mossa contraria all'impegno di ridurre la produzione di combustibili fossili. Due giorni dopo la Truss si dimetteva, ma gli interessi dei grandi gruppi energetici erano soddisfatti.

Non stupisce dunque che il suo successore Sunak abbia cercato di evitare di partecipare alla Conferenza sul clima in Egitto. Aveva prima disdetto, accampando impegni in patria. In seguito, sotto pressione per le polemiche e memore del ruolo della presidenza britannica, ha fatto una breve apparizione sul podio di Sharm El Sheik. Un'ombra rispetto al protagonismo ecologista dell'anno precedente. I grandi proclami erano ormai archiviati. La *Realpolitik* della crisi energetica pesava sul Regno Unito come e più di quanto pesasse sulla politica di altri Paesi dell'Unione.

Capitolo 5

La monarchia di domani

Posso andare? No tu no
Alla Conferenza sul clima in Egitto mancava un altro protagonista inglese: re Carlo III. Nelle sue intenzioni non c'era alcun dubbio, avrebbe dovuto esserci, ci mancherebbe altro. L'anno precedente a Glasgow aveva tenuto il discorso di apertura, con parole durissime. Aveva ricordato ai governanti che siamo davvero «all'ultima spiaggia per salvare il pianeta». Li aveva spronati a «lanciarsi sul piede di guerra» contro l'inquinamento. Aveva invocato una sorta di Piano Marshall per ridurre i gas serra. Ne aveva parlato in decine di altre circostanze. L'ambiente è sempre stato la sua grande passione. Proprio il 2021 aveva consacrato dunque la figura del principe ecologista sulla scena internazionale, sia alla COP26, sia qualche mese prima al G7. Era stato lui, assieme alla consorte Camilla, a guidare i capi di Stato e di governo nella visita al Progetto Eden in Cornovaglia, con le sue cinque cupole che sembrano insediamenti umani su un pianeta alieno e invece sono enormi serre a tema, dove crescono piante e fiori degli ambienti naturali più diversi. Dai climi tropi-

cali e umidi a quelli caldi mediterranei fino al deserto o le tundre polari. Un milione di visitatori all'anno. Come abbiamo visto, per l'occasione era arrivata anche l'anziana regina, ovviamente in treno. Erano presenti tre generazioni della famiglia reale, compresi William e Kate, a mostrare al mondo l'interesse e l'impegno della Casa reale per l'ambiente.

Grande anno il 2021, anche per Carlo ancora principe. Dopo il G7 e prima della COP di Glasgow intervenne anche al G20 di Roma. Pure in quella occasione aveva tirato le orecchie ai leader dei venti Paesi più industrializzati con un discorso che guardava alle generazioni future: «Avete le loro vite nelle vostre mani...». È rarissimo che il membro di una famiglia reale, seppure blasonata come quella inglese, venga invitato in questi consessi internazionali, dove si confrontano sensibilità e interessi diversi. Era capitato in tempi recenti solo alla regina consorte Máxima di Olanda, presente ai G20 in Argentina e Giappone nella sua veste di rappresentante speciale dell'ONU per la finanza inclusiva.

La stima internazionale sui temi ambientali Carlo se l'è legittimamente guadagnata. Se c'è un interesse che lo ha animato nei lunghi decenni in cui ha atteso di diventare re è stato proprio questo: la cura dell'ambiente. Ha usato i suoi privilegi e le proprietà ereditate per costruire un'attività agricola redditizia ed ecosostenibile. Da principe aveva già un suo regno: la tenuta di Highgrove, nella contea di Gloucester. Ci torna appena può anche adesso che è salito al trono. Fin dall'inizio degli anni Ottanta ha utilizzato solo coltivazioni con criteri biologici, niente fertilizzanti chimici, irrigazione unicamente da acqua piovana. Già dieci anni fa metà dell'energia utilizzata era prodotta da fonti rinnovabili. Ha lanciato un marchio di cibo biologico, The Duchy Originals, che si trova nei migliori negozi e supermercati. Ha promosso iniziative in campo ambientale, a cui ha dedicato il suo fondo di beneficenza The Prince of Wales's Charitable Fund. Ha lanciato la Fondazione Rare Breeds Survival Trust per tutelare le specie di piante locali minacciate dall'agricoltura intensiva. E ancora l'iniziativa Terra Carta, presentata al World Economic Forum di Davos nel 2020, una *Magna Charta* di impegni ambientali per il settore privato: aziende e gruppi industriali, commerciali e finanziari che li mettono in pratica vengono segnalati pubblicamente con il sigillo di approvazione. Una sorta di "bollino blu" delle credenziali di tutela ambientale proprio come il Royal Warrant di qualità concesso ai fornitori della casa reale inglese. Finora se lo sono aggiudicato colossi come Amazon, Bank of America, Credit Suisse, HP, IBM, PepsiCo e Unilever, sulla base dei loro programmi per raggiungere il traguardo di zero emissioni entro il 2050 o anche prima.

Insomma Carlo è un paladino ecologista da oltre mezzo secolo, visto che tenne il suo primo discorso contro l'uso delle plastiche nel febbraio 1970. Aveva ventun anni, parlava al Comitato per la campagna gallese. Nel pubblico c'erano agricoltori e allevatori, che lo guardarono un po' straniti. La plastica era considerata allora un grande progresso e lo sarebbe stata ancora per decenni. «Mi presero solo per uno snob eccentrico» ha ricordato lui in anni recenti. Fu considerato mezzo pazzo anche poiché confessò di parlare con le piante e di saper leggere le loro reazioni. Dagli sberleffi si passò alle polemiche pubbliche quando si permise di criticare i grattacieli in costruzione nel centro di Londra all'inizio del Millennio. Ai tempi il sindaco era il laburista Ken Livingstone, che non la prese bene, tanto che accusò il futuro re di ingerenze passatiste.

Grazie a una nuova legge sulla trasparenza degli atti pubblici emersero anni dopo decine di lettere, che il futuro re aveva scritto ad almeno sette ministri in epoche diverse. Si firmava "Carlo d'Inghilterra" e dava i suoi suggerimenti. I testi alla fine non furono resi pubblici per veto del governo, ma il numero degli interventi testimoniava la passione con cui il principe si sentiva in dovere di dire la propria opinione. Esattamente quello che ora gli è vietato per obbligo di imparzialità e neutralità.

Lo splendido *skyline* della Londra di oggi fa sospettare che davvero Carlo in architettura sia un uomo del passato. Ma sui temi ambientali è stato di gran lunga un precursore. Quindi figuriamoci se non avesse in programma di partecipare anche alla edizione egiziana della Conferenza sul clima, tanto più dopo il successo anche personale di quella in Scozia. Invece ha dovuto prendere atto che da re è meno libero che da principe.

Principe impiccione, re dimezzato

I viaggi e gli interventi del sovrano sono concordati con il governo, che ha sempre l'ultima parola. Quella della premier Truss, confermata dal successore Sunak, è stata un secco no. Niente discorso all'ONU sul clima. All'età di settantatré anni Carlo era diventato re da poche settimane. In attesa dell'incoronazione, la proclamazione del re si svolse due giorni dopo la morte di Elisabetta: la cerimonia si tenne nel palazzo di St. James, nel cuore di Londra, adiacente a Buckingham Palace ma molto più antico e blasonato, visto che è un palazzo Tudor, fatto costruire nel 1530 da Enrico VIII. Il banditore reale in costume medievale annunciò la notizia dal balcone. Una volta serviva per informare i sudditi, nel settembre 2022 tutto avvenne invece in diretta tv, con le telecamere ammesse anche nella sala del giuramento. Presenti le massime cariche dello Stato e i membri dell'Accession Council, che non si riunivano da settant'anni per proclamare un nuovo sovrano. Fanfare, hurrà della folla, *God save the King* gridato e cantato, quasi per abituarsi alla nuova formulazione dopo decenni di *God save the Queen*. Stesso pomposo protocollo poi al palazzo del Royal Exchange, la City di Londra. E ancora altre cerimonie pubbliche nelle diverse nazioni del Regno: Scozia, Galles, Irlanda del Nord. Il governo e il Parlamento di Westminster giurarono fedeltà al nuovo re che risplendeva nel fulgore delle sue alte uniformi.

Peccato abbia dovuto però presto ricordarsi che la sua autonomia, già limitata da principe, era pressoché nulla da re. Il Regno Unito è una monarchia costituzionale, il sovrano regna ma non governa e ha poteri molto inferiori, ad esempio, a quelli di un presidente di una Repubblica parlamentare come l'Italia. Meno ancora dei capi di Stato in sistemi presidenziali come gli Stati Uniti o la Francia. Così al re non fu permesso di andare in Egitto a spronare i governanti sulla difesa dell'ambiente. Il veto di Downing Street non fu motivato pubblicamente. Il portavoce parlò solo di "problemi logistici", rimane però il sospetto che un governo britannico appena insediato non volesse rischiare di essere scavalcato dal re, con posizioni avanzate e vincolanti negli impegni ambientali.

Il ruolo di Carlo re è decisamente subordinato, come quando tiene il discorso di apertura delle Camere, all'inizio di ogni nuova sessione parlamentare. Il sovrano si limita a leggere il testo preparato dal primo ministro, con il programma di governo e i progetti di legge da sottoporre al Parlamento. Carlo aveva già una volta sostituito in questo compito la regina Elisabetta, il 10 maggio 2022. In quell'occasione molti lessero sul viso di Carlo una nota di disappunto quando, ripetendo le parole scritte da Boris Johnson, arrivò al paragrafo dedicato alla nuova legge sull'immigrazione clandestina. Il progetto Ruanda, insomma. Secondo indiscrezioni, il futuro re lo disapprovava e lo considerava disumano. Tuttavia, ovviamente andò avanti nella lettura, facendo il suo dovere.

Carlo III ha tradito i suoi pensieri anche in un'altra circostanza. Appena diventato re, ricevendo in udienza la premier Liz Truss ormai in partenza, la salutò con un: «È tornata ancora dunque…». *"Dear, oh dear"*, che si potrebbe tradurre con un più o meno affettuoso "mamma mia". Chissà se è stata solo una battuta oppure se intendeva proprio quello che tutti hanno pensato. Fatto sta che una settimana dopo Liz Truss si dimetteva. Esternazioni che il nuovo re dovrà imparare a contenere, se vuole conservare il suo ruolo di arbitro imparziale. Al fumo della scenografia non corrisponde dunque un grande arrosto. Il re può dire la sua solo privatamente, nell'incontro settimanale con il premier, che dei suoi consigli potrà poi tenere conto oppure no. Deve stare attento persino ai saluti di benvenuto e di congedo, se ci sono telecamere accese.

Almeno la regina Elisabetta aveva dalla sua la lunghissima esperienza. Nemmeno quella le servì però per convincere ad esempio Margaret Thatcher a evitare la guerra nelle Falkland, su cui le due donne avevano visioni opposte. Schermaglie rimaste ovviamente dietro le quinte, riferite solo da indiscrezioni mai confermate. In tempi recenti fu il rischio di vedere andare in frantumi la stessa unità del Regno, di cui il sovrano è garante, a spingere Elisabetta al limite del suo perimetro istituzionale. Quando alla vigilia del referendum sull'indipendenza scozzese disse a microfoni aperti: «Spero che pensino molto bene al futuro». Inappuntabile, ma chiarissima. Come la nota di palazzo che rispose alle polemiche di chi allora si lamentò dell'ingerenza: «L'imparzialità costituzionale del sovrano è un principio consolidato nella nostra democrazia... a cui la regina si è sempre attenuta». A questo principio si dovrà attenere rigorosamente anche l'ex principe interventista. Adesso che è salito finalmente al trono ha perso così anche quel poco di *soft power* di cui godeva prima.

Grandi pulizie a Buckingham Palace

Alla dipartita di Elisabetta si sono aperti scenari inediti. Per molti osservatori le monumentali esequie della sovrana sono state l'apoteosi ma anche il canto del cigno della monarchia inglese, il momento più alto della tradizione millenaria e il suo punto di non ritorno, come se assieme al corpo della sovrana sia stata sepolta la stessa istituzione.

Re Carlo, tuttavia, sembra consapevole della necessità di riformare e modernizzare per non estinguersi.

Ha già modificato i ruoli all'interno della famiglia reale, limitando gli impegni ufficiali a pochi membri operativi. Come rappresentanti a pieno titolo sono rimasti la regina consorte Camilla, la sorella Anna e il nuovo principe di Galles ed erede al trono, il primogenito William con la moglie Kate. Poi il principe Edoardo e la moglie Sophie, che già Elisabetta aveva voluto al posto di Harry e Meghan. Fuori tutti gli altri. A cominciare dai ribelli che hanno scelto di trasferirsi negli Stati Uniti e tanto più dal reietto principe Andrea, coinvolto nella bruttissima storia del suo amico pedofilo, Jeffrey Epstein. Il principe ne è uscito in un modo altrettanto brutto, con un accordo extragiudiziale da almeno 12 milioni di dollari pagati alla sua accusatrice, Virginia Roberts Giuffrè. La donna sosteneva di avere avuto rapporti sessuali con lui da minorenne, quando giovanissima frequentava la corte di Epstein. Inevitabile togliere ad Andrea il titolo di "sua Altezza reale", oltre ai gradi e alle onorificenze militari. Dal 2019 non svolge alcuna attività ufficiale. Rimangono comunque le polemiche sulla provenienza del denaro con cui gli avvocati hanno chiuso la vicenda giudiziaria: nonostante la vendita di alcune proprietà ereditate da Andrea, una parte del conto è stata sicuramente saldata dalla madre regina, con fondi del Ducato di Lancaster, la quota privata del reddito annuale del sovrano. Patrimonio personale dunque, ma ciò non ha impedito interrogazioni parlamentari e strascichi polemici.

Che l'indice di gradimento non sia più lo stesso verso i Windsor è evidente soprattutto all'estero. Non sono più i tempi di folle festanti al passaggio di qualunque testa coronata. Nel marzo 2022, regnante ancora Elisabetta, la visita di William e Kate in Giamaica, Belize e altre isole caraibiche è stata accolta da molte manifestazioni di protesta. I dimostranti denunciavano le responsabilità inglesi nella tratta degli schiavi con richiesta di risarcimento danni per i secoli di dominazione. Impensabile, fino a pochi anni fa. Sono risultate irritanti agli occhi di molti le immagini del giovane William nell'uniforme da cerimonia carica di medaglie, impettito in piedi su una Land Rover scoperta durante una cerimonia a Kingston. Al suo fianco la candida Kate vestita di bianco, cappellino incluso. Sembravano l'immagine anacronistica del dominio coloniale e del «fardello dell'uomo bianco» che deve civilizzare gli altri popoli, come declamato da Rudyard Kipling. Una impressione ancora peggiore hanno fatto le foto in cui William e Kate stringevano le mani degli abitanti attraverso una rete metallica che li teneva distanti. I principi di Galles, per la verità, hanno stretto anche molte altre mani, senza barriere. Ma l'indignazione per quelle immagini, assieme ai cambi di programma dovuti alle proteste, sono rimasti a testimonianza del cambiamento in atto.

Ne hanno fatto le spese poche settimane dopo i poveri Edoardo e Sophie, anche loro in visita nei Caraibi. Il governatore di Grenada ha sconsigliato di fare tappa sull'isola, quello di Santa Lucia si è dato malato. Tra i Paesi del Commonwealth proprio quelli centro-americani mostrano i maggiori segni di insofferenza antimonarchica.

Lo Stato di Barbados, nelle piccole Antille, ha scelto di diventare repubblica nel novembre scorso, ultima di molte nazioni post-coloniali britanniche che hanno ripudiato il sovrano inglese. Giamaica sarà la prossima: il processo formale è già cominciato, diventerà repubblica entro il 2025. Il suo premier, Andrew Holness, lo ha ribadito proprio mentre inviava le condoglianze per la morte di Elisabetta. Gesto non elegante, ma il messaggio era molto chiaro. Anche il governo di Antigua e Barbuda prevede un referendum entro tre anni.

Ormai solo 14 su 54 membri del Commonwealth mantengono la monarchia. Meno tensioni sul ruolo riconosciuto al sovrano inglese si registrano invece in Australia, Nuova Zelanda o Canada. La differenza è significativa. Nei Caraibi il passato coloniale è legato alla schiavitù e al razzismo verso la popolazione locale. Nelle ex colonie a maggioranza bianca invece queste colpe storiche sono più sfumate. Anche se ovviamente non vanno dimenticati i genocidi degli aborigeni australiani o le radici coloniali dell'apartheid in Sudafrica. La perdita del ruolo – anche se puramente cerimoniale – di capo di Stato di questi Paesi è dunque un'altra diminuzione di status per re Carlo III.

La controfigura afroamericana di Lady Macbeth
La questione del razzismo a palazzo ha riempito negli ultimi anni le pagine dei rotocalchi e ore di programmi televisivi. Di solito viene trattata come gossip, chiedendo-

si chi abbia ragione tra i Windsor da una parte e la coppia Harry e Meghan dall'altra. Sono stati questi ultimi infatti a denunciare pubblicamente che c'erano state discussioni a palazzo sul colore della pelle dei loro figli. «Pregiudizi inconsci» che nell'aristocrazia inglese regnano verso chi ha un'origine etnica diversa da quella dei "bianchi britannici". Dopo queste rivelazioni Meghan è stata dipinta ovviamente dalla stampa popolare come la strega cattiva e manipolatrice, novella Lady Macbeth dietro ogni uscita (a pagamento) del marito. Con il suo protagonismo e vittimismo in effetti non è la migliore testimonial per una denuncia di questo tipo, affidata alle armi a doppio taglio delle interviste e delle serie tv. Ma comunque siano andate le cose con la coppia, la fuga dei due in California e il conseguente carico di veleni e polemiche sono stati per la famiglia reale inglese una pesante sconfitta che peserà sull'immagine e sul ruolo futuro dei Windsor nella società inglese e nell'immaginario collettivo mondiale.

Quando fu annunciato il fidanzamento tra l'attrice divorziata Meghan Markle e il secondogenito di Diana e Carlo, il principe Harry, persino i tabloid intravidero una opportunità interessante. Per la prima volta nella famiglia reale entrava una donna di colore, almeno per parte di un genitore. La madre di Meghan, Doria Ragland, è infatti afroamericana. La famiglia reale sembrava così adeguarsi alla multietnica società britannica e dimostrava di essere al passo coi tempi.

Veniva aggiornata ma confermata nello stesso tempo la tradizionale narrazione della "favola bella" dei nobili aristocratici, il principe con l'attrice, la vecchia Inghilterra che incontra Hollywood. Tutto sembrava far pensare a un amore da copertina consacrato, anche nel caso di Harry e Meghan, dalle nozze al castello di Windsor. Favola resa ancor più bella e attuale dunque grazie alle caratteristiche della sposa. Se l'erede al trono, il primogenito William, era convolato a nozze con la borghese, inglesissima, bianca, ex compagna di università Catherine Elizabeth Middleton, il matrimonio misto di Harry portava una ventata di novità.

Come accennato in precedenza, la regina Elisabetta avrebbe potuto porre il veto a quell'unione. Un potere tuttora riconosciuto al sovrano dalla legge sulla successione al trono, che nel 2013 modificò la più draconiana legge sui matrimoni reali del 1772. La versione in vigore – seppure meno drastica – si applica ancora ai primi sei membri in linea dinastica, quindi anche al nipote Harry, quinto in linea di successione. Elisabetta II avrebbe potuto dunque bloccare le nozze, invece le benedisse. È tutto agli atti: con lettera al Privy Council del 15 marzo 2018 la sovrana acconsentiva alle nozze tra *my most dearly beloved grandson*, il suo carissimo amato nipote e l'attrice americana. Ne fissava la data al 19 maggio nella cappella di San Giorgio del castello di Windsor. Lungi dal contrastare la loro unione, la sovrana aveva immaginato per la coppia il ruolo di ambasciatori delle giovani generazioni del Commonwealth e infatti, una volta sposati, i due cominciarono a svolgere i primi impegni ufficiali come duchi del Sussex. I viaggi in Australia e Sudafrica nel 2018 e 2019 furono un trionfo per Harry e Meghan. L'empatia, il calore umano, la diversità etnica della giovane moglie, già impegnata nel sociale prima di conoscere il principe, conquistarono le folle. L'accoglienza sarebbe stata certamente calorosa anche nei Caraibi, se fossero andati in visita loro. A patto di lasciare libertà di parola, almeno parziale, alla attivista Meghan, che da tempo si spendeva sul tema dei diritti umani e civili, soprattutto delle persone di colore dopo il caso americano di George Floyd. Anche da duchessa Meghan si spinse a citare in alcune conferenze il movimento Black Lives Matter, ma i suoi commenti non furono graditi. L'istituzione ama di più la neutralità della "sempre perfetta" Kate, per la rigida nomenclatura di palazzo l'esperimento Meghan era evidentemente un po' troppo.

Secondogeniti, ruote di scorta e pezzi di ricambio
Harry, il figlio cadetto. Lo *Spare*, il minore, la riserva, come recita polemicamente il titolo della sua autobiografia. Concepito per fornire organi al primogenito, in caso di bisogno: «Ero venuto al mondo nel caso fosse accaduto qualcosa a Willy, ero stato convocato come rinforzo, distrazione, diversione e, se necessario, pezzo di ricambio. Magari un rene, una trasfusione di sangue

oppure un frammento di midollo spinale» si legge nelle sue memorie.

Nato insomma per stare in panchina, nel migliore dei casi. Il povero Harry in effetti diventerebbe re solo nel caso improbabile di una strage per mezza famiglia Windsor. A palazzo si sarebbe però anche potuto guardare il bicchiere mezzo pieno, usando la libertà del figlio cadetto per lasciare ampi margini di manovra a lui e alle opinioni della moglie. Peccato sia andata diversamente. D'altronde nella storia dei Windsor l'ingresso di una donna americana divorziata non ha mai portato fortuna. E così dopo Wallis Simpson con Edoardo VIII ecco anche Meghan Markle che porta il marito alla rottura con il resto della famiglia. All'effetto Meghan per Harry si aggiunge un bagaglio emotivo pesante e irrisolto: la moglie americana ha fatto da detonatore, ma il disagio profondo del giovane covava da sempre.

Le oltre cinquecento pagine della sua autobiografia testimoniano soprattutto il trauma ancora vivissimo per la morte della madre Diana. Grazie alla penna del giornalista premio Pulitzer J.R. Moehringer, il libro descrive il dolore del principe molto meglio della serie tv Netflix *Harry e Meghan*. Basta superare la copertina e leggere la dedica: a moglie e figli e «ovviamente, per mia madre». Il padre Carlo non pervenuto. In molte interviste Tv, d'altronde, Harry si è definito «figlio di mia mamma». La descrizione dei suoi ricordi di Diana, morta quando lui aveva dodici anni, è tra le parti più commoventi del libro. La luce che circonda la madre è come quella delle stelle, arriva dal passato a illuminare il presente. Nonostante lunghe sessioni di psicoterapia i dolori del giovane Harry sono ancora tutti lì. Adesso li ha pubblicamente esposti, mostrandosi ferito e risentito. Rancoroso verso tutti, pronto a dare credito ai racconti più crudeli che circolano sul padre.

«Adesso posso tornare da Camilla» avrebbe detto Carlo alla nascita di Harry. Dopo l'erede al trono William era arrivata finalmente anche la riserva, il compito dinastico di Carlo e Diana era compiuto. È questo quantomeno quello che racconta il maggiordomo Paul Burrell, per un decennio a fianco della principessa. Lo ha ripetuto anche nell'intervista che mi concesse per lo Speciale TG1 in occasione dei venticinque anni della morte di Lady D. A me sembra una storia molto improbabile. Anche se Carlo lo pensava davvero non credo lo avrebbe detto ad alta voce. Harry invece ci crede, come riferisce il libro, ne è tuttora sconvolto, dà credito a tutte le maldicenze purché rafforzino la sua immagine di vittima istituzionale

Al confronto delle bellissime pagine del libro, da leggere come un romanzo, le sei puntate della serie tv *Harry e Meghan* sono stucchevoli, molto noiose e molto ripetitive. Questa offensiva mediatica ha avuto comunque il pregio, business a parte, di far conoscere la loro versione sul divorzio dalla famiglia reale. All'origine ci sarebbero stati dunque gli *unconscious bias*, i pregiudizi inconsapevoli ma concreti subiti dalla giovane donna afroamericana, sia per il colore della pelle, sia per il passato a Hollywood, precedente matrimonio compreso. E ancora l'invidia che serpeggiava in William e Kate, turbati dal successo e dalla magia di Meghan. Una giovane donna che brillava in quel mondo convenzionale proprio come già aveva fatto Lady D, trent'anni prima. Anche Meghan si è sentita un corpo estraneo da espellere, con contorno di depressione e istinti suicidi, teatralmente rivelati dall'interessata. La rigidità istituzionale e umana dei membri della "Ditta Windsor" avrebbe così fatto fallire miseramente l'innesto. Versione di parte, certo, ma è l'unica disponibile. L'altra campana per ora non suona. Nessun commento o reazione ufficiale dei membri della famiglia reale o dei loro portavoce. Solo le ovvie smentite, le indiscrezioni velenose e i dolenti scuotimenti di capo dei cortigiani.

Qui non interessa il gossip, ma il fatto che in ogni caso ci perdono i Windsor. Ci perde il futuro della monarchia inglese, ingessata nella sua rappresentazione tradizionale. E pensare che durante il regno di Elisabetta l'istituzione aveva accettato separazioni, scandali e divorzi in famiglia. Aveva metabolizzato persino l'inedito e controverso nuovo matrimonio del futuro re e futuro capo della Chiesa anglicana con una divorziata.

Con la fuga di Harry e Meghan è fallita invece l'apertura a culture ed etnie diverse. L'adeguamento a costumi meno rigidi rimane un traguardo ancora lontano. Tutti WASP, bianchi anglosassoni protestanti, direbbero gli americani che simpatizzano per i fuggitivi. Quantomeno i duchi del Sussex, titolo che mantengono, ci guadagnano in libertà e in incassi milionari. Per ora.

Paese ateo, Stato confessionale

Ferma sul fronte dell'inclusività razziale, l'istituzione monarchica è messa in discussione anche da altri cambiamenti nella società britannica, profondi e all'apparenza irreversibili. La popolazione evolve non solo dal punto di vista della composizione etnica, con la quota di origine straniera in crescita costante, ma anche sotto l'aspetto religioso. Per la prima volta nella storia, infatti, chi si dichiara cristiano è in minoranza: lo attesta l'ultimo censimento, quello del 2021. La mole di dati viene man mano elaborata e a fine 2022 è arrivato l'annuncio che ha fatto scalpore. Solo il 46 per cento della popolazione inglese si dichiara cristiana. Ancora dieci anni prima era il 60 per cento. Un impressionante drastico calo che non significa una "islamizzazione" del Paese, come qualcuno ha maliziosamente suggerito. Se anche l'Islam è l'unica religione tradizionale in crescita, il suo peso rimane marginale: 6,5 per cento della popolazione. Il balzo maggiore riguarda chi non crede, ormai il 37 per cento. Un aumento di 8 milioni e mezzo di persone rispetto al 2011: la conferma del dilagante fenomeno della secolarizzazione. C'è molto da

211

interrogarsi dunque per la Chiesa d'Inghilterra, ma anche per il mondo politico.

Come giustificare ancora una Chiesa di Stato come quella anglicana? Come mantenere l'attuale ordinamento, quasi immutato dal periodo dello scisma di Enrico VIII e della Riforma, nella prima metà del Cinquecento? Il sovrano nomina ancora i vescovi e molti alti prelati siedono alla Camera dei Lord proprio in quanto rappresentanti della Chiesa, i cosiddetti Lord spirituali. Il re è *Defensor fidei* e come tale capo della Chiesa anglicana, anche se la guida religiosa è l'arcivescovo di Canterbury.

Potere spirituale e politico insieme, nonché una presenza forte nelle istituzioni e nelle procedure della società inglese. Durante la cerimonia di conferimento della cittadinanza, per esempio, viene chiesto di leggere la formula di rito che recita:

«Io sottoscritto giuro in nome di Dio Onnipotente che diventando cittadino britannico sarò fedele e conserverò sincera lealtà verso il re, i suoi eredi e successori, secondo la legge». A chi non è cristiano o non ha convinzioni religiose è concesso di scegliere una "dichiarazione" di fedeltà, evitando cioè di giurare. Si riconosce il carattere ormai multietnico della società, nel rispetto comunque della sacralità delle istituzioni, a cominciare appunto dalla monarchia.

L'arcivescovo di Canterbury ha compiti anche secolari, come riconoscere l'abilitazione alla professione notarile. Incredibilmente ancora oggi in Inghilterra un notaio deve ottenere il "sigillo" vescovile, sulla base della legge sulle licenze ecclesiastiche del 1533. Un amico notaio italiano che esercita anche a Londra mi ha mostrato la bolla con il timbro del Faculty Office, che risale ai tempi di Enrico VIII.

Va detto che i vescovi sono di solito progressisti, più avanti rispetto alle norme che li annoverano tuttora tra gli apparati dello Stato. Spesso prendono le distanze dalle scelte dei governi su temi come la guerra, l'immigrazione o gli aiuti "compassionevoli" ai più poveri. Anche in Parlamento sono una delle voci più critiche delle scelte politiche, se lontane dai bisogni della gente. Ma l'assetto istituzionale rimane comunque arcaico e anacronistico, irrispettoso di una società che della Chiesa anglicana, come peraltro di tutte le altre Chiese, sembra non avere più bisogno.

Carlo da principe aveva fatto capire di voler modernizzare le formule di rito per rappresentare le diverse anime del Paese. Per ora sono rimaste invece immutate: cristiane e anglicane. In nome di Dio è avvenuta la sua proclamazione come nuovo sovrano: «Noi Lord spirituali e temporali... proclamiamo che il principe Carlo Filippo Arturo Giorgio è ora l'unico legale e riconosciuto signore, Carlo III, per grazia di Dio... Re, capo del Commonwealth, difensore della fede. Gli offriamo fede e obbedienza con umile affetto, implorando Dio, da cui re e regine derivano il loro regno, di benedire Sua Maestà con anni lunghi e felici».

In occasioni meno formali per la verità sono evidenti gli sforzi di re Carlo di riconoscere le diversità nella popolazione. Lo ha già fatto ad esempio nei suoi discorsi e messaggi, come i suoi primi auguri natalizi da monarca. Erano attesissimi, dopo settant'anni di messaggi di Elisabetta: oltre dieci milioni di telespettatori hanno ascoltato a reti unificate il nuovo re, che ha reso omaggio all'attività caritativa non solo delle chiese, ma anche delle sinagoghe, moschee, templi e *gurdwaras* (luoghi di culto Sikh) nel fornire cibo, amore e sostegno alle persone bisognose. Operazione lodevole la sua, ma non basta. L'esercito dei non credenti metterà prima o poi in discussione lo Stato confessionale britannico.

Il passato che ritorna

Le sfide che dovrà affrontare re Carlo III nei prossimi anni dunque non sono tanto quelle che arrivano da oltreoceano. Doloroso certamente dover subire gli attacchi di un figlio, in aperto e pubblico contrasto col padre. Materia per i *royal watchers*, inglesi e nostrani. Semmai la vicenda di Harry e Meghan, esplosa durante la delicata fase di transizione tra due monarchi, dimostra proprio che l'istituzione non può essere immutabile. In questo senso, sette decenni di regno di Elisabetta non sono stati un vantaggio. Anzi hanno impedito un progressivo adattamento in chiave moderna e in sintonia con i mutamenti sociali e di mentalità. Hanno cristallizzato situazioni anacronistiche e un apparato ormai fuori dal tempo. Basti pensare al recente episodio a Buckingham Palace, proprio sul terreno del razzismo. Mentre ancora aleggiava l'eco delle polemiche sulle accuse di Meghan, Lady Susan Hussey, baronessa di North Bradley, ottantatré anni, a un ricevimento con trecento invitati notò una signora di colore dall'abito pittoresco. L'avvicinò e le chiese ripetutamente di dove fosse originaria, se era africana o caraibica. Andò avanti per alcuni minuti con le sue domande, associando evidentemente il colore della pelle al fatto di non essere *british*. La signora in questione, Ngozi Fulani, fondatrice di Sistah Space, associazione londinese che assiste donne di colore vittime di abusi in famiglia, le rispose di essere inglese. Nata a Londra, sempre cresciuta qui. Niente, la Lady insisteva, forse anche perché un po' dura d'orecchi. Finì con una denuncia pubblica di "razzismo istituzionale" da parte di Fulani e con la rinuncia di Lady Hussey a ogni incarico. Per decenni era stata la dama di compagnia della regina Elisabetta e anche dopo la scomparsa della sovrana era rimasta a palazzo come accompagnatrice degli ospiti. Se il regno di Elisabetta non fosse durato settant'anni forse sarebbe stata mandata in pensione prima, evitando di imbarazzare gli ospiti. Alla denuncia dell'incidente seguirono attacchi violenti contro la Fulani, con minacce di morte che la costrinsero a chiu-

dere per un certo periodo gli uffici della sua organizzazione. Il razzismo è una bestia subdola anche nella società
britannica, un pericolo sempre in agguato, sia che riguardi
i vertici reali o l'ultimo dei cittadini dotati di smartphone.
Episodio minore ma illuminante, la monarchia come istituzione mostra tutti i secoli che ha alle spalle. Il sovrano
inglese gode tuttora di immunità totale, non è soggetto
alla legge. Tramite i suoi consiglieri può esaminare in an-
teprima e suggerire emendamenti alle proposte di legge
che riguardano il suo patrimonio e così via. Resiste persino il concetto di *crown application*: le leggi in teoria non
si applicano al sovrano o alle sue proprietà se non esplici-
tamente indicato dal Parlamento. Arcaico e anacronistico
non sono aggettivi fuori luogo.

Capitolo 6

Il futuro dietro l'angolo

Londra ombelico del mondo e l'effimero Millennio
Vi sarà capitato di sedervi su un treno in direzione opposta a quella di marcia. A qualcuno dà nausea o giramenti di capo. A me non dà fastidio. Quindi succede spesso che non trovando altro posto io mi sieda per così dire al contrario. Rifletto. È come viaggiare verso il futuro, nell'inesorabile direzione lineare di un tempo che non fa sconti, guardando però all'indietro e scorgendo sullo sfondo il passato, che si allontana e non è già più, ma rimane visibile all'orizzonte.

Quando ho cominciato il mio primo periodo londinese, oltre venticinque anni fa, il tempo e la vita sembravano procedere in sincrono. La direzione di marcia era una sola, davanti a me, accomodato sul sedile giusto. Davanti a tutti noi, passeggeri su un treno britannico lanciato ad alta velocità verso il futuro. Almeno così sembrava in quel grande luna park soprannominato *Cool Britannia*. Alla moda, leader in tanti settori. Un Paese e una città, Londra, che si esaltavano per essere al centro anche cronologico del mondo. Il cambio ufficiale del Millennio

217

coincise per tutti con l'ora di Greenwich, meridiano che fa ancora da riferimento ai cinque continenti. Per i festeggiamenti della notte di San Silvestro 1999 proprio a Greenwich dunque fu aperta l'enorme Millennium Dome, la cupola del millennio. Gli anni 2000, attesi con grande speranza, sarebbero cominciati da lì.

L'abbattimento del Muro di Berlino, la fine della Guerra Fredda, la globalizzazione economica e finanziaria sembravano davvero consacrare il modello occidentale di democrazie liberali. La storia conflittuale era finita, si apriva un futuro stabile e promettente. Gli attentati dell'11 settembre del 2001 avrebbero gettato acqua gelida su quel sacro fuoco, ma nella notte del 31 dicembre 1999, al passaggio del Millennio, il mondo sembrava davvero riunito attorno a una comune speranza di pace e di prosperità. Nel Millennium Dome Tony Blair accompagnava dal palco la "ola" del pubblico, trascinando anche una riluttante regina, assieme al principe Filippo, e alla consorte Cherie. Sembravano la metafora del loro Paese spigliato e spiritoso, ottimista e sicuro di sé.

Due anni prima era stato chiuso il capitolo più tragico della storia recente britannica grazie all'accordo di pace sull'Irlanda del Nord. Nel settore immobiliare londinese investivano i più ricchi del pianeta, gli arabi, i russi, poi gli asiatici e i cinesi. Chiunque fosse riuscito a mettere piede sul pianeta inglese era convinto di avere in mano la chiave del successo. Scala mobile sociale, ascesa garantita. *Cool* e aperta al mondo, la Britannia di inizio Terzo Millennio accoglieva indifferentemente europei e *overseas*, offriva lavoro a tutti.

Forse perché eravamo tutti più giovani, fatto sta che a me, seduto sul treno di allora, sembrava davvero di correre in avanti. Londra cresceva in altezza, con buona pace del principe Carlo e delle sue riserve sulla bellezza dei moderni grattacieli. Si trasformava in una metropoli contemporanea anche in verticale. I cantieri edili non si contavano più. I muratori dell'Est Europa facevano concorrenza ai *cowboy* inglesi, costruttori senza scrupoli erano attivissimi nel sottobosco dell'economia sommersa.

Purtroppo però anche l'effervescenza del Millennium Dome si rivelò ben presto una illusione ottica, mettendo a nudo l'effimera voglia di immagine del governo laburista, a prescindere dai contenuti. La cupola fu al centro per anni di un fallimento dopo l'altro. Iniziative bislacche, colossali perdite di denaro: non si sapeva davvero cosa farne, aveva costi di gestione troppo alti per chiunque. Solo nel 2007 in mano al gruppo telefonico spagnolo O2 ha trovato una destinazione d'uso adeguata e stabile: arena per eventi sportivi e musicali.

Pochi anni dopo quella autocelebrazione del Millennio, la sciagurata adesione britannica alla guerra del Golfo a fianco degli Stati Uniti di Bush Junior, con il contorno di bugie e proclami sulle presunte armi di distruzione di massa di Saddam Hussein, mostrò di Tony Blair un volto ben diverso e meno accattivante: aggrappato al potere dopo anni di monocolore laburista, incapace di dire di no al Grande Fratello americano. Lasciai il Regno Unito all'inizio di quel crepuscolo.

Nel frattempo la Rai mi aveva trasferito a Berlino, dove imparai a conoscere meglio l'altro volto d'Europa.

Sono stato rimandato a Londra quando la crisi della finanza facile americana, dai subprime ai mutui immobiliari regalati, stava causando danni profondi anche sulla sponda europea dell'Atlantico, minando la stabilità dei mercati. Rischiò di esserne travolto anche il sistema inglese, il più "americanizzato" in Europa, con le banche che prestavano a volontà e i cittadini abituati a vivere a credito. Il salvataggio di alcuni gruppi bancari sull'orlo della bancarotta scardinò a quel punto il rapporto virtuoso mantenuto fino ad allora tra debito pubblico e prodotto interno, e dunque, dal 2010 a oggi, a Downing Street si sono alternati governi conservatori che hanno avuto una priorità assoluta: ridurre il debito tagliando servizi e spesa pubblica.

Dieci anni dopo il servizio sanitario nazionale è arrivato quindi indebolito e impoverito ad affrontare l'impatto del Covid. Nei mesi della pandemia gli interventi d'emergenza autorizzati dal governo di Boris Johnson sono stati spesso dettati dal panico: soldi buttati ed effetti dubbi, che hanno rivelato le crepe del sistema. Il Paese aveva già cominciato da tempo a cambiare volto, un volto che sarebbe stato poi ancor più sfregiato dalla scelta anti-storica di uscire dall'Unione Europea.

Mai viaggiare in treno seduti contromarcia

Seduto sul treno che corre verso Edimburgo, dove oggi sto scrivendo, mi sembra davvero di viaggiare al contrario. Guardando all'indietro e senza vedere dove siamo diretti. Un'impressione che sembra condivisa da molti: i titoli dei giornali in questo "inverno dello scontento" fanno regolarmente paragoni con i periodi più bui della storia recente. Come abbiamo già notato, questa frase ripresa dal *Riccardo III* di Shakespeare fu usata molto alla fine degli anni Settanta, un periodo di alta inflazione e costo della vita galoppante. Le richieste di aumenti cozzarono contro il tetto del 5 per cento fissato dal governo laburista di James Callaghan per controllare i prezzi, e il muro contro muro peggiorò lo scontro. Scioperavano tutti: dai ferrovieri agli autisti di camion, dagli infermieri ai netturbini, persino i becchini nei cimiteri. Intanto il clima, gelido per mesi, lasciava al freddo milioni di persone che non riuscivano nemmeno a scaldare le proprie case. Callaghan continuò a minimizzare. Il tabloid *Sun* alla fine lo fulminò con un titolo a caratteri cubitali, stampato sulla foto del premier: "Crisi? Quale crisi?". Parola di un uomo politico ormai fuori dalla realtà, che fu presto accompagnato alla porta.

Se si aggiornano i settori coinvolti, in base ai progressi tecnologici fatti nel frattempo, si avrà il quadro degli scioperi nell'inverno 2022-2023. Erano decenni che i sindacati dei ferrovieri non si mostravano così battaglieri, organizzando agitazioni a scacchiera coordinate con gli addetti al trasporto pubblico urbano. Mai vista in tempi recenti una protesta per giorni e giorni del personale paramedico: infermieri e addetti alle ambulanze che non vanno al lavoro, costringendo a inviare militari a sostituirli nei servizi essenziali. E ancora i giorni di sciopero nelle università e nelle scuole di ogni ordine e grado, protesta motivata dai tagli al personale e dalle modifiche al meccanismo delle pensioni. Al ribasso, ovviamente. Scioperi dei dipendenti governativi, compresi per ironia della sorte quelli del ministero del Lavoro. Né potevano mancare le astensioni dagli uffici, anche sotto Natale, degli impiegati alle poste e dei doganieri degli aeroporti.

Come negli anni Ottanta, anche nel nuovo "inverno dello scontento" inglese i sindacalisti sono finiti nel mirino polemico dei tabloid di destra. Obiettivo numero uno il leader del maggiore sindacato dei ferrovieri RTM, Mick Lynch, inflessibile nelle trattative come il famoso predecessore degli anni Ottanta, Scargill. Come lui, anche Lynch è accusato di fare solo politica e di voler abbattere il governo a colpi di scioperi. L'epiteto più gentile che gli hanno affibbiato è quello di "Grinch", come il mostriciattolo verde che rovina il Natale ai bambini nei libri dell'americano Dr. Seuss.

Ovviamente in questa nuova crisi economica c'entrano anche la guerra in Ucraina e il conseguente aumento dei prezzi dell'energia. Nel Regno Unito però si paga un "dazio Brexit" che altri non hanno. Gli scioperi sono una manifestazione di salute del corpo sociale perché riguardano persone che almeno hanno un lavoro e diritti da rivendicare. Il dramma vero è quello di chi non ha una occupazione, le fasce meno protette insomma dal welfare britannico, che è sempre meno generoso. Fenomeno visibile ormai a colpo d'occhio: nelle strade di Londra, di Manchester, Birmingham, Liverpool, nelle piazze delle maggiori città gli *homeless*, i senzatetto, sono sempre più numerosi. Le *food banks*, quelle che in Italia chiamiamo banco alimentare, lavorano a pieno ritmo e se ne servono sempre di più anche lavoratori a basso reddito, a cui lo stipendio non basta. Il governo ha posto un tetto alle bollette, ma sono perlomeno raddoppiate. L'inflazione a due cifre spinge in alto anche i prezzi dei generi di prima necessità e i bilanci familiari ne escono falcidiati.

Case fredde, stanze gelate. A cavallo tra 2022 e 2023 una organizzazione ombrello ha riunito quaranta associazioni che si occupano di povertà in Gran Bretagna. Nome: *Warm this winter*, "riscaldiamo questo inverno". Chiedono una maggiore tassazione dei gruppi energetici che hanno fatto profitti record con l'aumento dei prezzi, per sostenere più concretamente i soggetti in difficoltà.

La crisi che colpisce tutti i Paesi qui insomma è più dura e allarga il già ampio divario sociale. L'Ufficio britannico per il Budget, osservatorio indipendente sulla finanza pubblica, conferma la stima di una perdita del 4 per cento di prodotto interno lordo britannico causa Brexit. Il freddo inizio del 2023 rimanda agli inverni micidiali dei primi anni Ottanta. Allora i vignettisti raffiguravano Margaret Thatcher mentre brindava a Downing Street quando le temperature scendevano sottozero. Le casse statali avrebbero evitato così di pagare molte pensioni di persone anziane.

Benvenuti nel mondo di mezzo secolo fa
Rifletto e guardo fuori dal finestrino. Vedo un passato che ritorna dopo la vittoria della Brexit. Mettiamo pure tra parentesi i risvolti politici, bastano quelli pratici. Auguratevi di poter usare le porte elettroniche dei controlli di sicurezza all'arrivo in Gran Bretagna. Finora i viaggiatori con passaporto europeo sono stati fatti passare senza controlli manuali, anche per carenza di personale. Britannici ed europei per ora continuano a fare la fila insieme: il lettore a infrarossi della grande macchina elettronica inquadra il documento, lo schermo riprende il vostro viso, vi riconosce e vi lascia entrare. Se avete però la sventura di essere indirizzati ai poliziotti nelle postazioni di controllo preparatevi a una serie di domande sul motivo della visita, sulla durata della permanenza nel Paese, sull'ospitalità in albergo o privata e così via. Tutto legittimo in base alle norme post-Brexit. Finita la libera circolazione, le moda-

lità sono analoghe a quelle di ingresso in Paesi terzi, ad esempio gli Stati Uniti. Di solito i doganieri sono cordiali e accomodanti. Il timbro sul documento dà via libera. Ma basta non parlare tanto l'inglese o avere il passaporto un po' rovinato (ormai la carta di identità non è più accettata) e scattano subito toni meno concilianti. Il peggio è capitato agli incauti che hanno dichiarato di venire a cercare lavoro. In centinaia, alcuni anche italiani, sono stati rispediti indietro, immediatamente o dopo una notte nei centri per immigrati illegali. Oltremanica non si può più venire a cercare un impiego, occorre già avere un contratto, offerto da uno sponsor locale. Solo su questa base si può chiedere e ottenere il visto. Anche chi viene per studiare deve seguire una trafila analoga. Il visto di studio viene concesso solo dopo l'iscrizione a una scuola o università del Regno. L'orologio della storia è stato riportato indietro di mezzo secolo.

Persino chi già risiede legalmente e stabilmente oltremanica può trovarsi in difficoltà ai controlli di frontiera. Il *settled status* non è un documento fisico. Si tratta solo di un numero nella banca dati del ministero degli Interni, in ottemperanza all'idiosincrasia degli inglesi per le carte di identità. Molti portano con sé l'email con la conferma dell'accettazione della domanda e della concessione del permesso di soggiorno, ma spesso non basta, perché facilmente falsificabile. Gli agenti di frontiera chiedono

225

allora una "prova" della residenza. Alla fine molti europei si rassegnano così a passare per turisti in modo da non dover affrontare questa sgradevole conversazione. Insomma, il treno britannico correrà anche verso il futuro, ma in questo tratto di viaggio dai finestrini si vede solo tornare il passato.

Quarant'anni fa fu rispolverato anche il termine *declinism*, cioè la tendenza a declinare, a peggiorare. Coniato originariamente a fine Settecento dallo storico Edward Gibbons per i suoi studi sulla caduta dell'Impero romano, divenne di uso comune nel XX secolo, proprio negli anni di grande malcontento. Oggi si sente spesso ripeterlo. Quasi unanime è la lamentela sulle cose che vanno male. Sembra di essere in Italia.

Un periodico sondaggio dell'Istituto Ipsos Mori rileva la progressiva disillusione dei cittadini britannici. A fine 2022 erano in sette su dieci a considerare in declino questo Paese. Solo un quarto di loro (27 per cento) pensava che i giovani avrebbero avuto una vita migliore dei loro genitori. Il 40 per cento era convinto del contrario. A vedere più in negativo sono soprattutto i contrari alla Brexit (addirittura l'82 per cento dichiarava che si stava meglio prima), ma anche chi ci aveva creduto ora si dice deluso e confuso.

Un sondaggio YouGov di fine 2022 tra chi aveva votato *Leave* rilevava che solo un terzo riteneva ormai che la Brexit avesse portato vantaggi e fosse stata un successo. Il 41 per cento pensava che le cose stessero andando peggio di quanto avessero immaginato: nel dettaglio, il 23 per cento ammetteva che Brexit aveva indebolito la posizione internazionale del Regno, il 34 per cento che aveva danneggiato l'economia e il 41 per cento sosteneva che avesse addirittura aggravato il problema dell'immigrazione. I sondaggi commissionati per il terzo anniversario del Brexit day, a fine gennaio 2023, allargavano lo scontento al 60 per cento dell'intera popolazione.

È diventato virale – come si dice adesso – il video di Michael Gove, ministro di lungo corso e pezzo da novanta dei conservatori, che in una intervista a Channel 4 nel novembre 2022 faceva scena muta. La domanda, in fondo semplice, del giornalista Nick Robinson era di elencare i benefici goduti dall'economia britannica grazie a Brexit. Il ministro non riuscì a citarne nemmeno uno.

Crisi extraparlamentari e altre curiosità
Così fa sorridere ancora di più la copertina dell'*Economist* che ritrae il Regno Unito in preda ai sussulti tipici del nostro Paese. O meglio degli stereotipi che riguardano da sempre l'Italia. Si potrebbe facilmente ribaltare l'esempio. Quantomeno a Roma è in carica un governo eletto democraticamente a maggioranza, con voto popolare. In Inghilterra si sono avvicendati in pochi mesi tre esecutivi, senza alcun passaggio dalle urne. Anzi senza nemmeno un voto di fiducia in Parlamento.

Prima la regina Elisabetta con Boris Johnson e Liz Truss, poi dopo poche settimane è stata la volta di re Carlo III con Rishi Sunak: il nuovo capo dello Stato ha semplicemente ricevuto la premier uscente che ha rassegnato le dimissioni nelle sue mani, quindi ha dato l'incarico di formare il governo al neoeletto leader del partito conservatore. Nessuna presentazione di programma del nuovo esecutivo, nessun voto di fiducia. Teoricamente il governo in carica sarebbe ancora vincolato al manifesto elettorale dei tories per le elezioni del 2019, allora guidati da Boris Johnson. Preistoria politica dunque: pre-pandemia, pre-Ucraina, pre-crisi energetica. Nessun dibattito sul cambio a Downing Street, solo il consueto "Question time". Il leader dell'opposizione laburista Keir Starmer si è semplicemente trovato davanti un nuovo capo di governo, come aveva appreso dai giornali. Questo passaggio di consegne, come una porta girevole, tra premier e ministri diversi solleva oltremanica questioni di rappresentanza e di democrazia. Reale, non solo formale. Forse all'*Economist* dovrebbero fare un po' meno gli spiritosi.

La distanza tra Palazzo e Paese, tante volte evocata in Italia, è un problema serio anche in Inghilterra. Dopo il "declinismo" turbolento di fine anni Settanta arrivò Margaret Thatcher. Cosa dobbiamo aspettarci ora dal futuro del Regno Unito, dai suoi governanti, dalla politica, dall'economia?

Shakespeare porta male

Brutto segno dover scomodare spesso Shakespeare nelle sue invettive contro i torbidi dinastici del tempo. L'espressione *winter of discontent*, citazione del *Riccardo III*, rimbalza ancora sui titoli e sui commenti dei giornali. Come abbiamo detto è diventata il tormentone della stagione appena trascorsa. Le ragioni le abbiamo illustrate. A metterle in fila si ottiene un elenco impressionante.

Recessione, peggiore andamento economico in Europa e peggiore tra tutti i Paesi OCSE. Unica eccezione la Russia ma Putin ha un alibi di ferro, cioè la sua stessa follia. Il Fondo Monetario Internazionale ha rincarato la dose: il Regno Unito, dicono gli economisti di Washington, sarà l'unica tra le maggiori economie a vedere calare il prodotto interno (-0,6 per cento) nel 2023. Non stupisce dunque il declassamento da parte delle agenzie internazionali di rating. E ancora l'ondata di scioperi senza precedenti. Alle stelle l'inflazione reale, soprattutto nei prezzi degli alimentari. Il servizio sanitario è sull'orlo del collasso per ammissione dei suoi stessi dirigenti. E così via.

Brutto segno quando si scomodano espressioni usate e abusate come *"sick man of Europe"*. "Grande malato d'Europa" è lo sgradito titolo attribuito nella storia a vari Paesi, a seconda della loro fase di declino politico ed economico. Il primo a usarlo fu lo zar Nicola di Russia, preoccupato della decadenza dell'Impero Ottomano. In tempi recenti l'epiteto è stato affibbiato a rotazione: alla Germania di fine Millennio, prostrata dai costi della riunificazione, poi ovviamente all'Italia, schiacciata dal debito pubblico, alla Grecia, alla Spagna e al Portogallo, vittime della crisi del debito sovrano a inizio secolo. Ma soprattutto, guarda caso, il termine è stato usato più volte per il Regno Unito. Era il grande malato d'Europa negli anni Sessanta e Settanta, tra la svalutazione della sterlina (1967) e l'inverno delle agitazioni sindacali (1978-79). Ora l'etichetta torna a essere evocata regolarmente per descrivere la situazione del Paese. Epiteto tanto più graffiante se vi ricorrono persino i sostenitori pentiti del partito conservatore, come il finanziere Guy Hands, che ha rispolverato questa espressione a fine 2022.

Brutto segno poi se si torna ai toni drammatici non soltanto del *Riccardo III* shakespeariano, ma anche del *Riccardo II*. Calza infatti a pennello a questa fase di declino inglese la tirata del vecchio duca di Lancaster, Giovanni di Gand: «Questa nostra Inghilterra, usa da sempre a conquistare gli altri, fa con vergogna conquista di sé». In originale: *"hath made a shameful conquest of itself"*. Insomma, si è fatta male da sola. Non solo con la Brexit, ma anche con le risse interne al partito di governo, con il "sado-monetarismo" che ha tagliato i servizi pubblici e con le manie di grandezza internazionale mentre la nazione ha solo bisogno di cure. Come un vero malato.

Il risultato è sotto gli occhi di tutti: un Paese confuso, sotto stress per i continui cambiamenti, disorientato. Per

Paese ovviamente intendo i cittadini che convivono in questa Inghilterra degli anni Venti. Tutti, che siano nativi – bianchi britannici secondo la classificazione ufficiale – o noi concittadini acquisiti. Tutti confusi e disorientati. Basta ascoltare un politico saggio e di lunga esperienza come lo speaker della Camera dei Comuni Lindsay Hoyle. Ha avuto l'arduo compito di sostituire il funambolico John Bercow, universalmente noto per le doti vocali con cui intimava in aula: «Order, ordeeeerrrr....». Bercow divenne celebre anche in Italia dopo una memorabile ospitata al programma *Che tempo che fa*. Fabio Fazio gli fece ripetere a volontà il grido di battaglia, affossando definitivamente la sua carriera politica. Hoyle è invece di tutt'altro stampo, professionale e tranquillo, decisamente più credibile. Alla BBC ha ammesso: «Il disastro di tre governi in tre mesi ha minato il rispetto per la nostra democrazia. Già la Brexit aveva diviso il Paese, famiglia per famiglia. Ora la gente è sconcertata, mai visto niente di simile». Parola di una delle più alte cariche istituzionali.

Tutto oro vero quello che luccica
Eppure... Eppure nonostante si faccia del male da solo questo è sempre un grande Paese. La tirata di Giovanni di Gand è piena di indignazione per il declino di una Inghilterra «cinta solo di vergogna, di scartafacci imbrattati d'inchiostro e di strumenti d'ipoteca», dopo essere stata svenduta a poco prezzo. Si apre però con parole d'amore

e ammirazione: «Questa gemma incastonata nell'argenteo mare, che la protegge come un alto vallo o il profondo fossato di un castello dall'invidia di terre men felici. Questo angolo di mondo benedetto, questo nostro Paese, questo regno, *questa Inghilterra*». *This England:* ne siano certi i nativi bianchi britannici, questa Inghilterra riempie ancora d'orgoglio anche noi cittadini acquisiti.

Il Regno Unito è una grande potenza. Tuttora è la quinta economia al mondo nelle classifiche del Fondo Monetario Internazionale e della banca Mondiale, anche se il sorpasso dell'India è ormai imminente. Anzi se si considerano le statistiche basate soltanto sulle dimensioni e la crescita dell'economia l'India è già avanti, vendetta della storia e della ex perla dell'Impero. Basta però guardare al reddito pro capite e alla qualità della vita del suo miliardo e 400 milioni di abitanti per capire ovviamente che non è solo questione di prodotto interno lordo. L'India può attendere a vantarsi.

Nonostante abbia perso quote di mercato verso Amsterdam, Parigi, Francoforte e Milano, la City rimane la maggiore piazza finanziaria in Europa e una delle più importanti al mondo. Dopo Wall Street si colloca sempre Londra nelle classifiche internazionali, prima di Singapore, Hong Kong, Tokyo o Francoforte. L'esodo di parte del business di azioni e derivati in euro ha indebolito ma non compromesso il reticolo di banche, finanziarie, traders, assicurazioni che dalla vecchia City of London Corporation, con la sua amministrazione autonoma medievale, si estende al distretto finanziario di Canary Wharf sul Tamigi.

E ancora, la Gran Bretagna rimane uno dei protagonisti globali nel settore sicurezza e difesa. La conferma della forza della sua industria militare arriva non solo dal ruolo di sostegno alla Ucraina, ma anche da accordi strategici come Aukus, patto con gli Stati Uniti e l'Australia in chiave anti-cinese per il controllo dell'Oceano Indiano e del Pacifico. Oppure l'ex programma aeronautico Tempest, diventato a fine 2022 il nuovo Global Combat Air Program (GCAP), alleanza per la difesa aerea in collaborazione con Italia e Giappone. Oltre a quella della Nato, l'eccellenza britannica in campo informatico, intelligenza artificiale, aerospaziale è uno dei pilastri dell'attività di intelligence del mondo anglofono, i *Five eyes*, i "cinque occhi" che dal dopoguerra sorvegliano tutti, con effetti spesso indesiderati, e vedono insieme americani, britannici, canadesi, australiani e neozelandesi, con i primi due a fare la parte del leone. Si potrebbe andare avanti a lungo a citare i poli d'eccellenza del Regno, dalla fusione nucleare a freddo realizzata nel grande laboratorio di Culham, vicino a Oxford, alle biotecnologie o alle tecnologie quantistiche sviluppate nel Centro nazionale di Didcot, ancora nell'Oxfordshire.

Per i cittadini, però, più dei programmi avveniristici e delle statistiche contano i servizi. E allora se la sanità è meglio in Italia e le ferrovie sono più efficienti in Francia e Germania, come ignorare il miracolo di percorrere il centro di Londra in un quarto d'ora? Bastano quindici minuti da est a ovest, da Liverpool Street a Paddington, con la nuova linea sotterranea intitolata alla regina Elisabetta. In superficie, nel traffico, occorre almeno quattro volte di più. Se si prosegue poi verso l'aeroporto di Heathrow si accorciano ancora di più i tempi con l'Heathrow Express, un quarto d'ora da Paddington ai due terminal principali. O come dimenticare quell'altra magia che fa superare la Manica in mezz'ora, tutto compreso tra Folkestone e Calais? Si può raggiungere il centro di Parigi dal centro di Londra in poco più di due ore. Bruxelles in meno ancora. Il tunnel e il treno Eurostar si fanno beffe delle barriere della Brexit e le rendono ancora più anacronistiche. Dickens forse scriverebbe oggi di una sola megalopoli europea, non più delle "Due città". Le grandi opere sono una cosa seria in Inghilterra.

Nemmeno le barriere commerciali complicate dalla Brexit hanno impedito di aumentare l'interscambio con l'Italia, soprattutto a nostro favore. È di nuovo boom delle esportazioni del *made in Italy* verso il Regno. Nel 2022 (dati ICE, Istituto Commercio Estero) sono cresciute del 32 per cento rispetto all'anno precedente e di circa il 12 per cento rispetto al periodo pre-pandemia e pre-uscita dal mercato unico. Al contrario le esportazioni britanniche verso l'Italia arrancano (+5 per cento sul 2021), nonostante siano chiaramente favorite dalla debolezza della sterlina. Al netto dell'inflazione sarebbero in calo. Altro effetto dell'autolesionismo della Brexit. Di fronte alle lungaggini dei maggiori controlli e delle norme più bizantine, noi possiamo evidentemente fare a meno dei prodotti inglesi, non viceversa.

Come ha confermato il vertice di Pontignano organizzato dall'Ambasciata britannica a Roma nel febbraio 2023, sembra ormai imminente la firma dell'atteso accordo bilaterale Italia-Regno Unito. È aperto un dialogo su tutti i tavoli, dalla politica estera al sostegno all'import-export, dalla ricerca all'educazione e alla difesa. I gruppi italiani, a cominciare da Leonardo, ENI e CNH hanno una presenza strategica oltremanica, non per così dire "opportunistica". I nostri rapporti prescindono dal momento congiunturale del Paese. Insomma, dopo Brexit la vita va avanti e si adegua alle nuove condizioni.

Anche re Carlo III in fondo, a parte qualche iniziale nervosismo di troppo, finora ha sempre fatto la cosa giusta: ha ridotto i ruoli ufficiali tra i familiari, ha estromesso il fratello Andrea, ha accettato la fuga e le recriminazioni del figlio minore, lanciando ripetutamente messaggi di pace, ha tenuto un discorso di Natale inclusivo e compassionevole, ha girato le quattro nazioni come il garante dell'unità nazionale deve periodicamente fare, ha programmato una cerimonia d'incoronazione più breve e meno pomposa della precedente, visto che nel frattempo sono passati settant'anni. Quella inglese non diventerà mai una monarchia borghese come quelle scandinave, ma non rimarrà nemmeno inchiodata al Novecento. Il gradimento di Carlo è superiore da re rispetto a quando era principe. Un giorno i britannici potrebbero anche decidere che è ormai anacronistico unire le sorti della più alta carica dello Stato a quelle di una sola famiglia, con un capo dello Stato a vita e un erede dinastico. Ma almeno non accadrà per l'inadeguatezza dell'attuale sovrano. E nemmeno per il trauma di rivelazioni dietro le quinte. Quelle di Harry finora sono state esplosive tanto quanto i botti di fine anno: un grande spettacolo e basta.

L'aggiustatutto e il riformatore

L'elenco di cose buone e importanti da queste parti potrebbe andare avanti a lungo. Il Regno Unito, i suoi governi, la sua gente, hanno tutte le risorse e le capacità per uscire da questa fase di declino. Per quest'anno – il 2023 – l'esigenza più diffusa è forse quella di stabilità, cioè di un ritorno alla normalità dopo gli scossoni del 2022. Un'esigenza che riguarda innanzitutto la politica e le sue risposte al Paese, a cominciare da una coerente e solida azione di governo nel campo dell'economia, alle prese con l'assestamento post-Brexit, e delle istituzioni, a cominciare dalla Casa reale e dal re, che deve mostrare le sue capacità di indirizzo dietro la scenografia delle cerimonie.

Un anno di transizione dunque, in attesa di un 2024 che alimenta grandi aspettative. Soffia il vento di un cambiamento ormai prossimo. Questa travagliata legislatura è in dirittura d'arrivo, al massimo nell'autunno 2024 si tornerà a votare. Se avessero ragione i sondaggi non ci sarebbe storia. Il vantaggio dei laburisti sembra incolmabile, misurato tra i 20 e i 25 punti, le aspettative sono tutte per una sconfitta dei conservatori e per un cambio di ciclo politico. In parte sarebbe fisiologico: nella politica britannica ogni 10/12 anni c'è sempre stata alternanza di governo e i tories sono al governo ininterrottamente dal 2010. Non bastassero i ritmi storici, occorre ricordare i disastri politici della torrida estate 2022, in senso climatico e non solo. Di fronte alle lotte fratricide del partito di maggioranza e alla girandola dei suoi governi non poteva che avvantaggiarsi l'opposizione.

Un anno è però ancora lungo prima dell'appuntamento elettorale. Il premier Sunak ha annunciato una agenda di cambiamenti considerata la base per rilanciare il Paese e anche le chances di recupero elettorale per sé e il suo partito. Promette, non a caso, di ridare *peace of mind*, un po' di serenità al Paese. «Giudicatemi su cinque obiettivi concreti» ha detto Sunak nel suo primo messaggio del 2023. Dimezzare in un anno l'inflazione, ridurre le liste d'attesa del Servizio sanitario, sostenere la crescita economica, diminuire il debito pubblico, stroncare l'immigrazione clandestina.

Si comprende in questa luce anche l'atteggiamento verso i sindacati. Da una parte Sunak deve mostrare il pugno di ferro per compiacere la tradizionale base elettorale dei tories e contenere le concessioni salariali per non alimentare l'inflazione. Dall'altra, per vincere le elezioni, deve tenersi stretto il consenso anche nelle circoscrizioni "rosse" conquistate da Johnson nel 2019. Gli occorrono insomma i voti dei lavoratori del Nord, quindi non può tirare troppo la corda nella guerra con le Unions. In ogni caso il suo non è un programma di riforma strutturale del Paese. Ha soltanto un anno di tempo ed è costretto a promesse concrete di breve periodo. Si presenta come *Mr. Fix it,* un "aggiustatutto", cioè chi sistema le cose che non vanno bene in un sistema che rimane quello che è.

Opposto invece il programma dei laburisti. Non è ancora tempo di manifesti elettorali, ma anche Keir Starmer, leader dell'opposizione, ha già lanciato a inizio 2023 le linee guida della sua strategia. Ha tempo a disposizione, può parlare dunque di "un decennio di rinnovamento nazionale" e delineare riforme costituzionali per modernizzare il Paese.

Propone l'abolizione della Camera dei Lords ereditaria, da sostituire con una Camera delle Regioni, ovviamente elettiva. Promette di riprendere la politica di devoluzione dei poteri verso le autorità locali, come già fatto dai governi Blair a fine millennio scorso. Non a caso ha affidato lo studio delle riforme a Gordon Brown, ex ministro eco-

nomico di Blair e poi brevemente premier (2007-2010).
155 pagine, 40 punti chiave, titolo ambizioso: *Una nuova
Britannia, rinnovare la nostra democrazia e ricostruire la
nostra economia*. Brown è scozzese, sa bene come gestire
le tendenze indipendentiste di quella parte fondamentale del Regno. Il presupposto del rapporto è che la crisi
attuale ha cause profonde, incancrenite e non sanate da
troppo tempo. Una ammissione che dopo tredici anni di
governi conservatori Sunak non può certo permettersi di
fare.

Il falò delle vanità e delle fantasie
Per il Regno Unito dunque si prospettano tempi di grandi cambiamenti e di grandi riforme. Rimane per ora sullo
sfondo l'elefante che nessuno ama evocare. Entrambi gli
schieramenti non hanno alcuna intenzione di riaprire il
capitolo Brexit. Non il governo perché è fatto di promotori di quella scelta, premier compreso. Sunak anzi può
vantarsi di avere chiuso l'ultimo capitolo rimasto aperto
nel lungo processo di uscita dall'Unione europea, quello nordirlandese. Prendendo in giro il suo predecessore
Johnson, ha proclamato di avere davvero "done Brexit",
fatto la Brexit. Lui e la presidente della Commissione
Europea Von der Leyen, entrambi sorridenti, hanno firmato a fine febbraio 2023 l'intesa sui controlli doganali
tra Regno Unito, Irlanda del Nord e Repubblica d'Irlanda. La "Carta di Windsor" siglata appunto in un albergo

vicino al castello, in modo da far incontrare subito dopo la leader europea con re Carlo. Un accordo laborioso e complicato per cercare di risolvere il problema che come abbiamo visto è pressoché insolubile se non mantenendo di fatto la parte britannica dell'isola d'Irlanda soggetta alle norme e alla giurisdizione della Corte europea di giustizia, come di fatto è anche dopo l'intesa. Un passo avanti è sicuramente il meccanismo tecnico di due percorsi per le merci dalla Gran Bretagna. Quelle destinate solo all'Irlanda del Nord, senza rischio di passare a sud entrando nella repubblica di Dublino, non saranno soggette a controlli. A garantire saranno le autorità britanniche, con una buona dose di fiducia da parte europea. Soluzione dunque tecnica presa per buona dalla politica solo perché dopo l'uscita di scena di Johnson e Truss i rapporti tra Londra e Bruxelles sono decisamente migliorati. Un gesto di buona volontà dunque da entrambe le parti, che potrebbe preludere a un riavvicinamento più ampio, ad esempio con l'adesione di nuovo al programma europeo Horizon. Si vedrà se e come funzioneranno poi le cose in concreto. I primi segnali non sono rassicuranti visto che si sono subito levate voci contrarie all'interno del partito conservatore, Johnson in testa, e ovviamente tra gli esponenti del DUP nordirlandese. Le divisioni nel partito di maggioranza rimangono. Intanto il ferimento del detective John Caldwell, avvenuto pochi giorni prima, ha ricordato il rischio del ritorno alla violenza settaria. Colpito da numerosi proiettili di pistola sparati da due killer proprio a Omagh, il poliziotto è rimasto a lungo in fin di vita. Gli investigatori sospettano i dissidenti dell'IRA: venticinque anni dopo l'accordo di pace odi e vendette non sono ancora finiti.

Nemmeno i laburisti vogliono per ora riaprire il fronte Brexit. In passato Keir Starmer si schierò per rimanere nell'Unione Europea, poi però condivise le posizioni ambigue dell'allora leader Jeremy Corbyn. Di lui fu collaboratore e complice, come ministro ombra proprio della Brexit. Dopo anni di tira e molla la questione è considerata "tossica", meglio lasciarla com'è. Anche una parte dell'elettorato laburista – concentrato in Inghilterra settentrionale – votò a favore dell'uscita e poi per il *Get Brexit done* proposto da Johnson nel voto politico del 2019. Che fossero irretiti dalle sirene xenofobe o davvero convinti, fatto sta che i seggi del Nord, dove gli elettori appoggiarono la Brexit, rimangono ancora cruciali per una vittoria del Labour nel 2024. Per non alienarsi le loro simpatie Starmer dunque si limita a criticare il modo in cui il Paese è uscito dall'Unione Europea e a promettere di "far funzionare" la Brexit. Slogan non solo debole ma anche fuorviante, perché suggerisce che i danni derivano da come Brexit è stata gestita, non dalla scelta in sé. Persino Boris Johnson potrebbe essere d'accordo con questa versione.

Se i laburisti dopo le prossime elezioni tornassero davvero a Downing Street probabilmente cambierebbero linea, facendosi parte più attiva per riallacciare i legami con l'Europa. Per adesso però non escono allo scoperto, nonostante dai sondaggi emerga con evidenza che gli elettori su questo terreno hanno già le idee chiare: l'uscita dal mercato unico è stata un errore. Un passo falso clamoroso.

In ogni caso per far ripartire il Paese non basterà qualche operazione cosmetica o qualche palliativo. La questione del rapporto con il maggiore mercato al mondo, quello dei vicini europei, dovrà prima o poi essere affrontata. Il clima è adatto. Lo sostiene ad esempio Timothy Garton Ash, autorevole e ascoltato storico inglese. Da subito si schierò contro l'uscita. Ora nelle nostre conversazioni a Oxford sostiene un punto chiave: se la fine della Brexit è lontana, quella del *Brexitism* è già avvenuta. La parabola dell'euroscetticismo inglese ha insomma già compiuto l'intero percorso, da quello pragmatico di Thatcher e Cameron a quello populista e sovranista di Johnson. Da quello moderato di Theresa May a quello turboliberista e fantasista di Liz Truss, per tornare ora all'approccio pratico di Rishi Sunak. La rivoluzione ha divorato i suoi figli e ora che le conseguenze si misurano nelle tasche dei cittadini nessuno alza più la bandiera orgogliosa dell'ideologia che stava alla base di tutto. Il *Brexitism* appunto, versione *made in England* del nostro sovranismo populista.

Se sia davvero così lo si capirà però solo entro fine 2023: un test fondamentale è infatti offerto dalla revisione delle leggi europee tuttora in vigore nel Regno Unito. Un "corpus" giuridico imponente, fatto da almeno 4.000 disposizioni, che si estende dal diritto del lavoro alle norme ambientali, dai diritti dei consumatori agli standard dei prodotti agricoli, dall'energia alla qualità dell'aria. Non riuscendo a mettere mano a tutte le leggi europee recepite nell'ordinamento britannico in quasi mezzo secolo il governo di Londra le ha mantenute in blocco anche dopo l'uscita dall'Unione, salvo ovviamente riservarsi di rivederle, confermarle o rigettarle per introdurne di nuove.

Un lavoro immenso che dovrebbe essere concluso proprio entro il 31 dicembre, pena decadenza automatica delle norme: lo stabilisce una legge varata a inizio 2023 dal governo Sunak, contestata dalle opposizioni perché fissa una scadenza-capestro e non realistica, vista la mole del lavoro necessario. Si rischia insomma di vedere abolite norme fondamentali, con conseguente vuoto legislativo, se non si fa in tempo ad approvarne di nuove. Un rischio concreto, paventato da sindacati e da associazioni di categoria: in gioco ci sono diritti e tutele consolidate, come il periodo di assenza dal posto di lavoro per maternità, oppure la regolamentazione dei contratti a termine e part-time, l'eguaglianza salariale tra lavoratori uomini e donne, e così via. Se le centinaia di funzionari dei ministeri che stanno esaminando queste norme le taglieranno drasticamente, la distanza con l'Europa aumenterà. Se invece verrà conservato quanto più possibile del diritto comunitario, si manterrà un sufficiente allineamento con il Continente e un domani sarà più facile riavvicinarsi.

Peccato dunque che il governo di Sunak insista sulla retorica della *Brexit freedom*, la libertà da conquistare abbattendo appunto ogni residuo di norme europee. Promette «un falò» delle leggi e leggine nate a Strasburgo. Per farlo minaccia anche il ricorso alla clausola di Enrico VIII, che abbiamo già incontrato, pur di fare in fretta, entro l'anno. Non portò bene ad altri regimi il falò dei libri, figuriamoci quello delle leggi in uno Stato di diritto. Si spera insomma che nella pratica la revisione sia meno ideologica dei proclami. Al momento invece prevale la retorica antieuropea, che stride con i sorrisi e la stretta di mano con Von der Leyen a Windsor.

Per ora è dunque impensabile che un governo britannico, sia conservatore sia in futuro laburista, faccia marcia indietro sui due pilastri della Brexit: fuori dal mercato unico europeo e dalla libera circolazione delle persone. Anche la strada mediana di un ritorno nell'unione doganale è impraticabile perché si tornerebbe alla mezza Brexit di Theresa May. La strada più realistica è insomma quella di un progressivo ri-avvicinamento nei prossimi anni, se i ponti nel frattempo non verranno tagliati del tutto.

I problemi del Regno Unito certamente non sono solo legati all'uscita dal mercato unico. Né la soluzione di tutti i mali sarebbe un ritorno all'ovile europeo. La bassa produttività ristagna sull'industria britannica da almeno tre lustri. Dalla crisi finanziaria del 2008 a oggi non si è mai schiodata dallo 0,5 per cento di crescita media annua. I vuoti di formazione professionale in settori chiave, a cominciare dalla sanità, risalgono a decenni e decenni fa. E poi contano negativamente il peso eccessivo della finanza nel sistema economico, la deindustrializzazione che ha privato il Paese di una struttura manifatturiera, il terziario digitale esposto a tutti i limiti e difetti della *gig economy*, l'instabilità politica a prescindere dal sistema elettorale uninominale, la conflittualità interna ai partiti, i gruppi di interesse – o "poteri forti" come si vogliano chiamare – che condizionano le scelte generali.

L'elenco dei punti deboli di questo grande Paese potrebbe continuare.

Brexit non è la madre di tutte le battaglie perse da Londra ma sicuramente è stata un grave passo falso, un atto di autolesionismo. E imperdonabili sono stati i cattivi maestri che l'hanno decantata. I nodi vengono ora al pettine, il Paese comincia a pagarne le conseguenze. Passa da lì dunque il percorso per riprendersi. Imparare dall'esperienza e riconoscere gli errori è la strada necessaria per tornare pragmatici e realisti. Come i nostri amici inglesi sanno ben fare.

Postfazione

Se avete avuto la bontà di arrivare fin qui leggendolo, avete visto che questo è un libro sull'attualità. Così mentre sta andando in stampa ancora si susseguono episodi, decisioni, indiscrezioni che sarebbero da raccontare.

Boris Johnson è stato accusato formalmente di avere mentito alla Camera dei Comuni sul Partygate ed è finito davanti alla Commissione parlamentare che vigila sulla condotta dei deputati. Intanto lui, dopo avere fatto diventare lord il fratello minore Jo, ha proposto anche il padre Stanley per l'onorificenza di cavaliere e il titolo di Sir. Quando si dice l'affetto familiare.

L'ex ministro della salute durante la pandemia, Matt Hancock, ha scoperto una passione per la Tv e ha partecipato all'Isola dei famosi del canale ITV. Nel frattempo venivano diffusi i messaggi con cui a inizio 2020 ignorava i consigli medici sulla necessità di test Covid nelle residenze per anziani, dove ci fu poi il maggior numero di vittime.

Il premier Sunak ha varato una legge draconiana che di fatto nega a chi arriva illegalmente nel paese la possibilità di presentare domanda di asilo. Con lo slogan *Stop the boats* si minaccia la deportazione in Ruanda. In assenza di strade legali alternative, le nuove norme sono una palese violazione dei diritti umani dei migranti, riconosciuti dalle convenzioni internazionali.

Saranno invece concessi migliaia di permessi di lavoro in più per far fronte alla carenza di personale, un dato ormai sotto gli occhi di tutti.

Si potrebbe continuare, la vita pubblica britannica non è mai noiosa. Spero almeno che il racconto fatto in queste pagine sia per il lettore una bussola sufficiente a orientarsi sulla direzione presa dal Paese e su quella che si spera tornerà a percorrere.

Un sincero ringraziamento a Marco Frittella e a tutta la squadra di Rai Libri e una dedica personale. A Tommaso, che in questa Inghilterra ha comunque scelto felicemente di lavorare e vivere.

Sommario

Finito di stampare
nel mese di maggio 2023 presso
Puntoweb S.r.l. - Ariccia (Roma)